B

Scheiß auf Plan B!

Die Kunst, den eigenen Weg zu gehen

Jürgen Eisserer

B

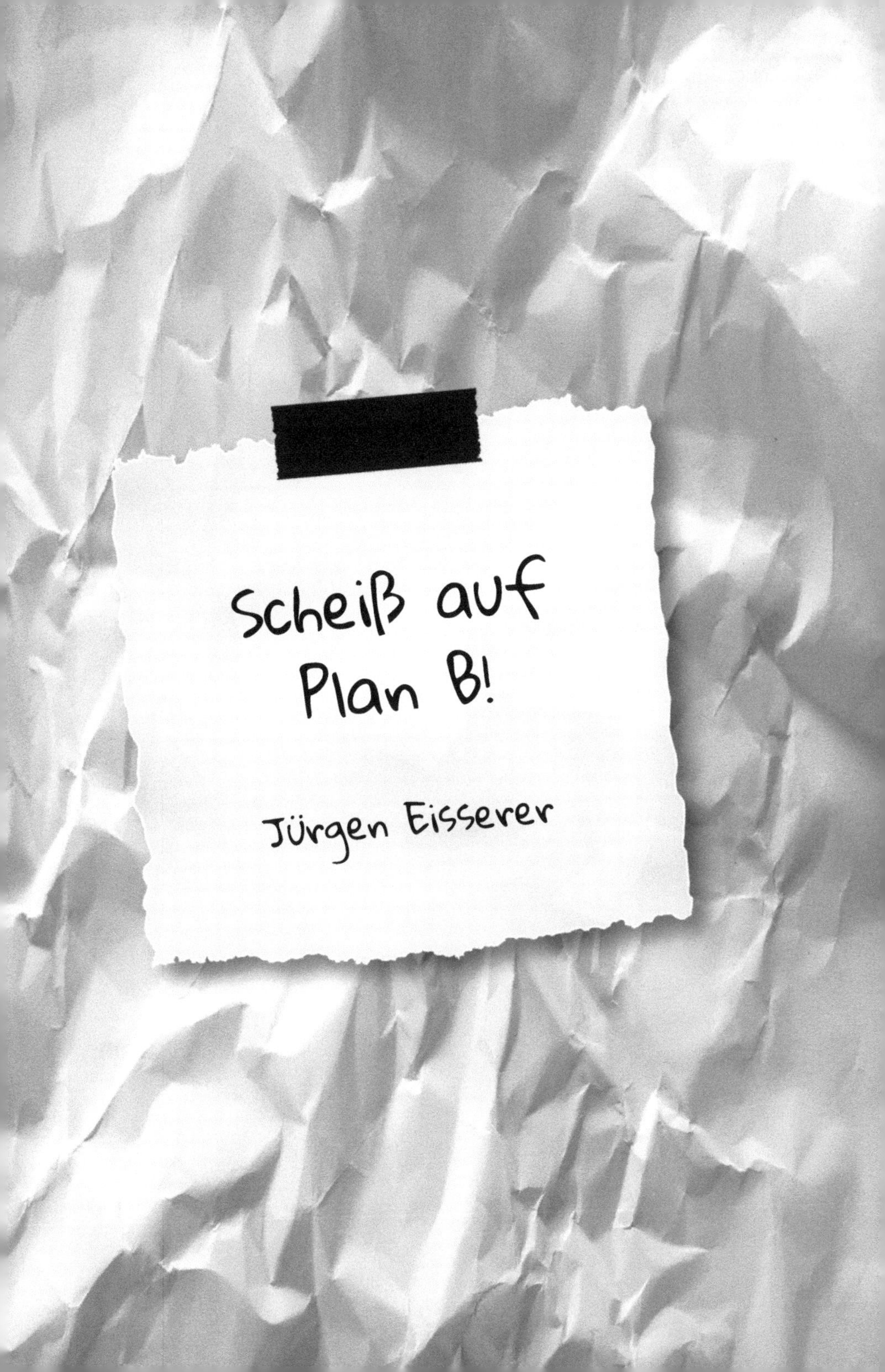
Scheiß auf
Plan B!
Jürgen Eisserer

Für dich als Mensch und Marke.
Denn charismatische Persönlichkeiten
folgen ihrem eigenen Licht!

PRINTED IN
AUSTRIA

Layout & Unterstützung: Lisa Keskin
Korrektorat und Lektorat: Conny Sellner
Druck und Vertrieb im Auftrag der Autorin/des Autors:
Buchschmiede von Dataform Media GmbH, Wien
www.buchschmiede.at

ISBN: 978-3-99125-452-2 (Hardcover)

Inhalt

Über den Autor

Jürgen Eisserer ist Unternehmer, Gründer der Mindmaker®-Academy, Leiter und CEO der „Menschen im Vertrieb Trainings GmbH". Als Vortragsredner und Trainer liefert er Inspiration für moderne Selbst- und Unternehmensführung sowie für den Wandel von Kultur und Gesellschaft in Unternehmen. Im Mittelpunkt seiner Arbeit steht Kommunikation in all ihren Facetten.

Zu seinen Kunden zählen Unternehmen, Führungskräfte, Profisportler und Start-ups, die er in Veränderungsprozessen begleitet, Trainer und Menschen, die mit Ideen und Inhalten überzeugen müssen, sowie Verkaufsteams namhafter Unternehmen. Seine berufliche Reise hat Jürgen Eisserer herumkommen lassen. So war er als freier Handelsvertreter, Key Account- und Marketing-Manager sowie Kunden- und Marketingberater – von Agenturen, Start-ups bis zu namhaften Weltkonzernen – tätig und an der Entwicklung von Vertriebs-Akademien maßgeblich beteiligt. Außerdem arbeitete er als Moderator im Rahmen internationaler Sportevents sowie im TV und Radio. Somit lernte er die Kommunikation aus allen erdenklichen Blickwinkeln, Erfahrungen und Branchen kennen und lieben.

Doch dieses Gesamtbild ergab sich erst nach einer langen Reise. Jahrelang war er auf der Suche nach Berufung und Potenzial, ging dabei mehrmals quer durch die Hölle, hinterließ durchaus manchmal verbrannte Erde und stand auch einmal kurz vor der Pleite. Nachdem er in 20 Jahren 15 Jobs „verbraucht" hatte (oder sie ihn), zog er sich selbst am Zopf aus dem Schlamassel – vielleicht findet sich hier auch der Grund für seine spärliche Haarpracht.

Der Tiefpunkt seiner Karriere bildete für ihn zugleich den Ausgangspunkt für seinen persönlichen Perspektivenwechsel und eine beruflich völlig neue Reise. Und als Reise sieht er auch seinen Weg durchs Leben, durch Firmen und nicht zuletzt durch die Welt.

Er liebt es, komplett anders zu reisen. Im privaten wie auch im beruflichen Sinn. Denn der Sinn des Reisens besteht für ihn ursprünglich nicht darin, sich zu erholen. Reisen ist etwas, für das man gute Gründe haben muss, wenn man sich schon auf den Weg macht. Es ist beschwerlich und hart. Und man bricht nicht auf, um sich zu entspannen, sondern um an seine eigenen Grenzen zu gehen. Das ist es, was Jürgen Eisserer antreibt: die Grenzen kennenzulernen und darin das Potenzial bei Veränderungen von Menschen und Unternehmen zu erkennen und zu entwickeln.

Wer über Veränderung spricht, sollte Veränderung auch leben!

Jürgen Eisserer

Über dieses Buch

Unser Leben wird meist von offensichtlich geplanten und vorprogrammierten Erfahrungen bestimmt. Wir wollen die Welt in ein übersichtliches Prospekt verwandeln, das unserem Geist nur wenig abverlangt – wäre doch schön, wenn es einfacher wäre! Wir suchen alle nach einem Reiseführer durchs Leben, der uns ohne Anecken smooth zum Ziel bringt. Abklatschen, Danke sagen und warten bis zur allerletzten Wanderung. Aber das ist die pure Passivität des Lebens.

Dabei vergessen wir, welcher Impuls uns überhaupt dazu bringt, uns auf den Weg zu machen. Es ist das Bedürfnis, unseren Blick auf das eigene Leben und auf diese Welt täglich neu zu bestimmen, indem wir uns mit Unbekanntem konfrontieren und durch diesen Prozess neu entdecken, was Wissen und Erfahrung im Leben eigentlich bedeuten.

Wenn du die Welt bereist – im übertragenen Sinn, also auch in deinem beruflichen und privaten Leben –, beginnst du, die größere Komplexität des Universums zu verstehen. Das ist der Grund, warum ich lange Zeit Reisetagebücher geführt habe. Schreiben, Reden, Sprache und Kommunikation sind mein Leben. Unser Arm ist unser verlängertes Gehirn. Und der Stift hinterlässt die tiefsten Furchen darin. Schreiben befruchtet unser Erinnerungsvermögen mehr als alles andere. Wir Menschen folgen ausschließlich guten Stories und den Emotionen, die daraus entstehen. Täglich prasseln Tausende von Botschaften und Eindrücken auf uns ein. Deshalb sind diese persönlichen Geschichten von Menschen und Unternehmen wichtiger denn je. Sie sind der emotionale Anker, den wir in Zukunft vermehrt brauchen werden, um die Komplexität der Welt auf die für uns wirklich wichtigen Werte zu reduzieren.

So haben wir einerseits Ängste und Sorgen, die meist nicht in uns selbst entspringen. Andererseits laufen wir Hoffnungen und Träumen nach, die ebenfalls nicht unsere eigenen sind. Wir wandern mit einer fremden Landkarte ohne Wegpunkte und Kompass.

Dieses Buch will Impulse setzen, damit du deine Story, deinen Plan A, für dich, dein Unternehmen und dein Leben findest und ihn als Wertekompass für deinen eigenen Weg nutzen kannst. Der Plan A ist dieser Funke, den es zu finden gilt. Den einen Funken, der bei dir dieses Feuer entfachen kann.

Das vorliegende Buch soll dir dabei helfen. Nur, wenn du deinen Plan A vor Augen hast, existierst du nicht in einer von außen diktierten Scheinwelt, sondern lebst das, was dich wirklich ausmacht: dein eigenes Leben.

Wenn du dich immer wieder am Wertekompass deines eigenen Plan A orientierst, kannst du „mehr vom eigenen Leben“ haben.

Oder wie Hunter S. Thompson schrieb: „Das Leben sollte keine Reise Richtung Grab sein, mit dem Vorsatz, möglichst sicher in einem hübschen und wohlbehaltenen Körper anzukommen. Du solltest in einer Rauchwolke um die Ecke driften, gründlich verbraucht, völlig ausgelaugt und laut rufend: ‚Wow! Was für eine Fahrt!'"

Ich fokussiere mich in diesem Buch darauf, den „Erfolg im Business" völlig neu zu überdenken, aber natürlich kannst du die Prinzipien dieses Buchs auf jeden Bereich deines Lebens anwenden.

Sei es körperliche Fitness, Beziehung oder irgendein anderes Thema – ein Plan A bestimmt dein GANZES Leben.

Life should not be a journey to the grave with the intention of arriving safely in a pretty and well-preserved body, but rather to skid in broadside in a cloud of smoke, thoroughly used up, totally worn out, and loudly proclaiming „Wow! What a Ride!"

Hunter S. Thompson, Schriftsteller und Journalist

Noch etwas zur Handhabung

Du findest im Anhang einen QR-Code mit Link zu meiner Webseite. Du kannst auch den Link eintippen, der darunter steht. Ich habe in einem Bereich meiner Webseite speziell für dich als Leser dieses Buchs Ressourcen gesammelt. Du findest Arbeitsblätter, Videos und weitere Links, die für dich interessant sein könnten. Schau ruhig öfter mal vorbei, ich achte darauf, immer wieder mal etwas Neues raufzuladen. Bei gewissen Themen in diesem Buch wirst du einen Hinweis auf diese Ressourcen finden.

Ist dieses Buch das richtige für dich?

Viele Menschen leben einen Dauerkompromiss. Kein Wunder, dass heute rund 90 Prozent der Krankmeldungen psychischer Natur sind.[1] Das beginnt schon im Kleinen: zum Beispiel damit, dass du morgens, wenn der Wecker klingelt, eine halbe Stunde überlegst, ob du nicht doch fünf Minuten später aufstehen kannst. Das kennst du? Ich auch!

Du hast Probleme mit täglichen Entscheidungen? Kein Wunder – sobald man eine Tür aufmachen möchte, geht eine andere zu. Die Angst die „richtige" Entscheidung zu verpassen, ist groß. Du hast Ideen, Visionen, Ziele, aber das Mühlrad des daily business zermalmt deine Träume? Sicher wird es irgendwann besser ...oder? Dieses Loslassen und Fokussieren auf die für dich wirklich wichtigen Werte – beruflich wie privat – diese innerliche Zerrissenheit – „Scheiß auf Plan B" kann dir helfen, das in den Griff zu bekommen.

Stehst du täglich vor Entscheidungen? Eventuell sogar vor solchen, die aus heutiger Sicht dein ganzes Leben auf den Kopf stellen könnten? Oder kannst du dich nicht wirklich entscheiden und hast daher – beruflich oder auch privat – mehrere unterschiedliche Visionen, die dich innerlich zerreißen, weil du nirgends loslassen möchtest? Fragst du dich, ob du so weiterwurschteln möchtest – in Job, Beziehung oder Leben –, weil es sicher irgendwann besser wird? Oder hast du nur einfach Angst davor, ins kalte Wasser zu springen?

Oder, um Friedrich Nietzsches Frage nach der „ewigen Sanduhr" einzuwerfen: Könntest du es aushalten, dieses Leben immer wieder zu leben?

Wenn eine oder mehrere Fragen auf dich zutreffen, hast du mit dem Griff zu diesem Buch voll ins Schwarze getroffen!

Wirf nicht alles über den Haufen!

Abraham Lincoln sagte einst: „Hilf niemals einem Menschen zu einer Lösung, die er auch selbst hätte finden können. Er verliert die Achtung vor seinem Selbst". Dieses Buch ist also eine Art Reiseführer. In klassischen Reiseführern oder Erfolgsratgebern wirst du mit Sehenswürdigkeiten bombardiert, die du nicht verpassen darfst. „Wenn du das nicht siehst, tust, machst, wird deine Reise nicht so schön oder erfolgreich sein", klingt es zwischen den Zeilen. Allein das sollte uns schon mal zu denken geben! Die wirklich guten Reiseführer sagen dir nicht, was du anzusehen, zu vermeiden oder unbedingt zu machen hast.

---

[1] Quelle: pro mente Lösungspapier, Link im Anhang

Ein guter Reiseführer für dein Leben sagt dir auch nicht, was du zu tun hast – er soll lediglich deinen Plan A, also deinen Weg in die Veränderung, zum Leben erwecken.

Und er soll dir dabei helfen, deine Reise in vollen Zügen zu genießen!

Nach der Lektüre dieses Buches fällt es dir eventuell leichter, auf ein Übermaß an Sicherheiten, Absicherungen oder Alternativen zu pfeifen. Das heißt nicht, dass du auf fatalistische Art und Weise alles über den Haufen werfen und unnötige Risiken eingehen sollst, sondern, dass du lernst, deiner Intuition, deiner eigenen Erfahrung und deinem Fokus auf die richtigen Dinge im Leben zu vertrauen. Dass du lernst, nicht den Weg des geringsten Widerstands zu gehen, sondern den, der dir am meisten Freude bereitet. Denn nichts ist langweiliger als eine Reihe von schönen Tagen. Der Mensch ist auf Dualität gepolt. Wir brauchen Reibung – nur will das keiner zugeben. Und wer meint, mit einem Plan A sind alle Probleme erledigt, irrt. Probleme und Herausforderungen wird es immer wieder geben. Doch mit „Scheiß auf Plan B“ erhalten diese Probleme und Herausforderungen in Zukunft einen völlig anderen Charakter. Die Perspektive ändert sich hin zu: „Wow, da stürz ich mich gern rein, also schmeiß ich mal die Schwimmflügel weg!“ Es geht also um den Weg, der dich in einer spielerischen Leichtigkeit weiterbringt – trotz Herausforderungen und nicht ohne sie.

Das Leben wird erst dann riskant, wenn du nichts riskierst.

Jürgen Eisserer

Wenn du zu sehr an Sicherheiten hängst, geht die Konzentration auf deinen Plan A völlig verloren und du verzettelst dich. Du kannst nicht alle Pläne verfolgen. Multitasking ist eine Illusion! So kannst du dich auf einen einzigen Weg begeben, der möglicherweise – ziemlich sicher – nicht gerade verläuft, sondern eine Menge Umwege bereithält, dich aber auf jeden Fall glücklicher macht als ein Herumeiern zwischen allen erdenklichen Möglichkeiten und Unwägbarkeiten. Bist du zudem zu sehr abgelenkt durch Alternativen, dann leidet deine Improvisations- und vor allem deine Reaktionsfähigkeit.

Es gibt also keinen Plan B. Es gibt nur einen Plan A, also diesen einen persönlichen Leitstern, und den gilt es für dich zu finden. Alles was davon abweicht, sind lediglich neue Strategien, Methoden oder Möglichkeiten, wie der Plan A umgesetzt werden kann. Die Entscheidung liegt immer bei dir – wichtig ist, dass du dich entscheidest!

Leicht gesagt, denkst du nun vielleicht. Und ja, das stimmt! Mir ist durchaus bewusst, dass es gute Herzensgründe „für" das eine und damit „gegen" das andere gibt, aber auch umgekehrt. Die Entscheidung kann und will ich nicht für dich treffen, das kannst nur du selbst. Und die Antwort ist wahrscheinlich nicht eindeutig, sonst hättest du statt eines Buches wohl gerade ein Blatt Papier in der Hand, auf dem du deine weiteren Schritte skizzierst.

Oder du wärst ohnehin schon längst am Tun. Antwort biete ich dir also keine. Etwas anderes jedoch bekommst du von mir in diesem Buch: 1.000 Gründe, warum es sinnvoll ist, sich auf einen Plan zu konzentrieren, anstatt zu versuchen, mehrere Reisen gleichzeitig anzutreten und sich dabei im Niemandsland wiederzufinden.

Alles was wir tun, tun wir nur für uns

Setz dir aber mit der Entscheidung zu deinem Plan A nicht zum Ziel, die Welt retten zu wollen. Unser Handeln erfüllt immer einen Selbstzweck. Und das sollte es auch! Dein Plan A soll deine Augen zum Leuchten bringen, nicht die der anderen! Das darf die Draufgabe sein, jedoch nicht der Zweck des Plan A.

Nur wer diesen gesunden Egoismus akzeptiert und damit Klarheit schafft, kann Verantwortung fürs eigene Tun übernehmen. An dieser gesunden Portion an Individualismus zu arbeiten, wird in den USA als selbstbewusste Heldenreise bewertet – bei uns wird man damit manchmal als unsozial eingestuft. Doch diese Denkweise der großen Pioniere verbindet auch den Drang nach Freiheit und Eigenverpflichtung und öffnet völlig neue Türen. Es wäre also ein Trugschluss, das als kalt und gefühllos abzutun. Selbst über Mutter Teresa wurde am Sterbebett bekannt, dass sie all die guten Taten vollbracht hat, um sich von ihrer eigenen, wie sie sagte, „geistigen Leere" abzulenken.

Für wen ist dieses Buch nicht?

Wo wir nun hinwollen, sollte klar sein. Wem ich dieses Buch jedoch wirklich nicht widmen möchte, sind Menschen, die immer nur „mehr" wollen. Die, die immer nur schneller, höher, weiter, größer werden wollen. Damit geht die Qualität des Lebens völlig verloren und es zählt nur noch die Quantität. Dieses Spiel spiele ich schon lange nicht mehr mit. Wer glaubt, mit mehr Erfolg, mehr Umsatz, mehr Freunden, mehr Kunden glücklich zu werden, wird erstens vom Leben und zweitens von diesem Buch enttäuscht sein.

Wo du in Zukunft „mehr" liest, sei vorsichtig. Denn das „Mehr" ist ein Fass ohne Boden. Egal was du tust, es wird niemals genug sein. Hast du „mehr" erreicht, willst du noch weiter und läufst ständig sinnbefreiten Dingen hinterher. Das einzige „mehr", das ich durchgehen lasse, ist das „mehr" vom Leben. Das ist die wahre Qualität.

Reduziert auf deinen Plan A, der sich mit wenigen Worten beschreiben lässt, lässt sich auch viel vom Ballast des Lebens abwerfen. Wer für dieses Loslassen nicht bereit ist, liegt mit diesem Buch falsch.

Und für wen ist „Scheiß auf Plan B“ nun wirklich?

» Für Menschen, die das Gefühl oder die Befürchtung haben, ihr Potenzial und ihre Lebenszeit zu vergeuden. Obwohl sie viel machen und können, wissen sie oft nicht, wie und wo sie beginnen und worauf sie ihren Fokus richten sollen. Sie sind auf der Sinnsuche und haben Angst, sich in der Vielzahl an Optionen falsch zu entscheiden. Kurz gesagt: Es geht um Menschen und Unternehmen, die nach Veränderung streben. Und die es sich weder finanziell noch zeitlich leisten wollen, 20 Jahre lang „aus Erfahrung klug“ zu werden. Die Fehler anderer können genauso lehrreich sein – ich leihe dir also gerne meine!

» Für Menschen, die bereit sind, Erfolg aus einer neuen Perspektive zu betrachten. Weg vom Denken, dass uns nur das Erreichen von Zielen und Profit glücklich macht, hin zu einer etwas philosophischeren Reise, bei der, vereinfacht gesagt, der Weg das Ziel ist. Und bei der du erlebst, welche neuen Erkenntnisse das Leben für dich täglich bereithält.

» Für Menschen, die vor großen Entscheidungen stehen.
Die sich fragen:
„Soll ich mich selbstständig machen oder lieber eine Karriere im Unternehmen einschlagen?“,
„Warum sollte ich den Spatz in der Hand aufgeben und was bringt es mir, wenn ich etwas Neues beginne?“,
„Wird das nicht zu viel für mich?“

» Für Unternehmer, die gern „auf mehreren Hochzeiten tanzen“ und sich von ihren Bauchläden und vielen Standbeinen nicht trennen können. Webdesigner, die nebenher Energetiker sind, Versicherungsmakler, die auch Böden verlegen, die „Ich-mach-alles“-Typen, die mit dieser Einstellung oft an ihre finanziellen und zeitlichen Grenzen stoßen. Diejenigen, die dadurch eventuell sogar schon private oder gesundheitliche Auswirkungen spüren. Für all jene also, die (noch) keine klare Position auf dem Markt haben und dadurch für alles und nichts stehen.

Life is what happens while you're making plans.

John Lennon, Beatle

Teil 1
Was ist überhaupt ein Plan A?

Was ist überhaupt ein Plan A?

Wenn du jetzt noch da bist, sind wir uns vermutlich einig, dass ein Plan A durchaus interessant sein könnte. Nur, was ist überhaupt ein Plan A? Was zeichnet ihn aus? Und wie erkennen wir ihn? Teil eins dieser Frage ist rasch beantwortet: Plan A ist der Weg, den du wirklich gehen willst. Es ist kein Plan im eigentlichen Sinn. Es ist vielmehr der verloren geglaubte Wertekompass auf der Landkarte deines Lebens, der übergeordnete Kontext deines Handelns oder neudeutsch: Purpose.

» Eine Orientierung auf Basis deiner eigenen Werte, wenn es viel zu viele Optionen gibt
» Ein Wertekompass auf der Landkarte deines Business
» Die Antwort, die du in Zukunft geben möchtest
» Der Leitstern auf dem Weg deines Lebens
» Die Vision, der du in deinem Unternehmen oder deinem Leben folgen willst

Ein Plan A ist keine Planbarkeit im eigentlichen Sinn – es ist dein persönlicher Leitstern. Wir machen Pläne und glauben, damit unser Glück zu finden. Aber meist wird ein Plan mit einem Ziel verwechselt. Ein Ziel ist immer mit konkreten Zahlen, Daten, Fakten verbunden. Und wir wissen, wie spannend diese für uns sind. (Vorsicht, Ironie!)

Doch es geht um so viel mehr. Wenn du ein Haus baust, dann ist dein klares Ziel die Fertigstellung beispielsweise im November des Jahres XY. Ziele sind Etappen auf deiner gesamten Reise des Lebens. Und dieses Etappenziel, ein Haus zu bauen, ist mit einer Zahl, Daten und Fakten verbunden. Du hast konkrete Bilder, Daten, Ergebnisse im Kopf, und das ist auch okay.

Der Plan A hingegen sind das Gefühl und die immateriellen Werte, die du mit dem Hausbau entwickeln möchtest und damit verbunden hast.

Wenn also Schwierigkeiten beim Bauen eintreten, und das ist ja bekanntermaßen recht oft der Fall, dann ist vielleicht dieses Ziel mit seinen Zahlen und Daten in Gefahr. Aber der übergeordnete Kontext deines Handelns – der Leitstern des „Warum wir ein Haus bauen"– bleibt aufrecht und bestärkt dich auf der Reise. Trotz der Probleme, die auftreten werden, wirst du daraus Kraft ziehen können und dich bestärken. Genauso sollten sich erstrebenswerte Lebensziele anfühlen, die uns Orientierung geben.

Oder wie Friedrich Nietzsche sagte:
„Wer ein Warum zum Leben hat,
kann fast jedes Wie ertragen."

Das sollten Unternehmen und Menschen beherzigen. Doch zwischen Strategie, Umsetzung und dem täglichen Tun, Kennzahlen liefern und Margen erhöhen, Ziele vorgeben, Umsätze erzielen und Spannen erweitern, wird die Frage nach dem „Warum“ meist nur müde belächelt. Das gilt auch für dein Leben. Die täglichen Herausforderungen erscheinen uns meist so groß, dass wir uns für diese abstrakte und scheinbar aus der Esoterik- und Schamanen-Ecke kommende Frage nach immateriellen Werten gar keine Zeit nehmen. Dennoch ist diese Frage die entscheidende in deinem Leben: Was ist der Plan A? In welchem Kontext und mit welchen Werten spielst du das Spiel des Lebens? Worauf möchtest du die Antwort im Leben sein? Das sind genau jene Geschichten, denen Menschen folgen wollen. In Zukunft mehr denn je. Wenn du das nicht mit einem Satz beantworten kannst, fehlen dir und deinem Unternehmen die Seele und das Herz.

Ein kurzer Exkurs: Werte

Jeder Mensch hat ein gewisses Wertesystem, innerhalb dessen er agiert und sich wohlfühlt. Diese Werte umfassen materielle Bereiche wie Sicherheit und Wohlstand ebenso wie immaterielle, also ethische, wie Fairness oder Ehre. Erst wenn wir unsere eigenen zentralen Werte kennen, haben wir die Möglichkeit, unsere Prioritäten richtig zu ordnen. Jede Entscheidung beruht auf unseren Werten. Wer nur den Verstand anspricht, wird sich in Zukunft schwertun, Mitarbeiter oder Kunden zu finden. Wer hingegen die Herzen erobern kann, findet Mit-Unternehmer!

„Heute wieder Pasta, oder doch was Exotisches?“ Schon solche kleinen Entscheidungen können manchmal Schwierigkeiten bereiten. Du kannst dir vorstellen, wie das dann erst mit großen Fragen ist wie:

» Will ich für meinen Traumjob umziehen?
» Soll ich die Sicherheit eines Unternehmens gegen die Unsicherheit einer Selbstständigkeit aufgeben?
» Lebe ich meine Träume im Beruf oder in meiner Freizeit aus?

Nur, wenn du die Werte deines Kompasses beschreiben kannst, wird dir klar werden, was du aufgeben kannst und solltest – und was du behalten kannst. Denn deine Werte geben dir Sicherheit und leiten dich in deinen unbewussten Entscheidungen. Der Mensch sucht nach den Fixpunkten, seinem „Warum“ im Leben. Bevor wir uns jedoch daran machen herauszufinden, auf welche Frage wir die Antwort sein wollen, müssen diese Fixpunkte in uns entstehen. Dieser Prozess hat bei mir viele Monate gedauert.

Nimm deine Werte also einmal in der Woche zur Hand und überdenke die ausgewählten Begriffe. Verbinde sie mit Erlebtem und Bestehendem in deinem Leben.

Anmerkung: Du findest im Anhang einen QR-Code mit dem Link zu meiner Webseite. Dort kannst du dir diverse zusätzliche Ressourcen downloaden – unter anderem den sogenannten „Wertezirkel“, anhand dessen du deine eigenen Werte herausfinden kannst.
Das kann dir ungeheuer viel Klarheit bringen, wenn es darum geht, deinen Plan A zu finden.

Die Geschichte lehrt uns, was ein Plan A sein kann

Menschen und Unternehmen, die selbst in den dunkelsten Stunden noch das Licht am Horizont sehen, agieren nach einem inneren Wertekompass, der ihnen den Weg zeigt. Eine – etwas vereinfacht gesagt – „Vision einer besseren Zukunft“. Im Fall von Unternehmen sollte die Vision auch so aufgebaut sein, dass ihr wir selbst, Mitarbeiter, aber auch Kunden und Partner und andere gerne folgen.

Ich kenne zahlreiche Verkäufer, die nach kurzer Zeit ausgebrannt waren, obwohl sie nach außen hin erfolgreich erschienen. Sie machten Abschlüsse, waren anerkannt. Doch hatten sie ihren Wertekompass völlig verloren, ihr Unternehmen hatte keinen Plan A, der sie motivierte. Oder der Wertekompass des Unternehmens war so grundverschieden von ihrem eigenen, dass der Widerspruch im Kopf der Mitarbeiter schon bald zu einer inneren Kündigung führte. Um es mit den Worten von Karl Marx zu sagen: Versteigerst du 8, 10, 12, 15 Stunden deines Lebens, einen Tag wie den andern, nur an den Meistbietenden, an den Besitzer der Rohstoffe, der Arbeitsinstrumente und Lebensmittel, d.h. an den Kapitalisten? Oder bist du schon Herr in deinem eigenen Haus?

Wer oder was willst du jetzt sein?

Die schlimmste Frage, die wir unseren Kindern stellen können, ist: Was willst du mal werden? Darin schwingt mit, dass sie jetzt noch nichts sind. Und schon beginnt sich die Spirale des Nachlaufens zu drehen. Wir folgen also den Starken. Denen, die wissen, wofür sie stehen und das auch nach außen tragen können. Andererseits haben wir oft Mitleid mit den Schwachen. Das gilt auch für dich, wenn du Mitarbeiter in einem Unternehmen bist.

Du bleibst vielleicht aus reinem Mitleid bei der Stange, obwohl dein Herz etwas ganz anderes möchte. Doch dieses innere Helfersyndrom ist nicht hilfreich, wenn du dein eigenes Leben leben und deinen Plan A entwickeln willst. Es läuft alles auf eine Frage hinaus: Wer oder was willst du jetzt sein?

Also worum geht's in deinem Leben überhaupt? Dieses „Worum geht's?" ist so etwas wie die Kurzfassung deiner mentalen DNA, deiner Werte. Deine persönliche Identität. „Start with Why" nennt der britisch-US-amerikanische Autor Simon Sinek dieses Konzept. Du definierst dabei zuerst das „Warum" deiner Aktivitäten, also die große Idee, bevor du dir über das „Wie" und das „Was" Gedanken machst. „Scheiß auf Plan B" befasst sich ausschließlich mit deinem „Warum".

Das „Warum" von Unternehmen

Was früher klassische Leitbilder waren, nennt man heute neudeutsch „Purpose". Leider klingen diese Leitbilder meist sehr ähnlich, sind ziemlich banal und fast immer austauschbar.

Wunderbare Sätze wie „Wir arbeiten als Marktführer nur mit und für die besten", „Führend in Technologie und Entwicklung", „Für menschliche Nähe und soziale Wärme" oder „Ich helfe Unternehmen dabei, um..." sind leider leere Worte ohne Aussagekraft. Sie zeigen nicht den einzigartigen Nutzen für die Kunden, den Markt und die Welt, sondern lediglich den Traum von eigener Größe und Macht.

Das berührt und inspiriert nicht – weder dich selbst noch deine Mitarbeiter, Kollegen oder Kunden. Und warum soll dir überhaupt jemand folgen, wenn du selbst deinen Plan A nicht kennst und verinnerlicht hast?

Es geht nicht darum, einen netten Slogan für dich zu finden. In erster Linie geht es um die Werte, die dahinterstecken. Erst daraus kann so etwas wie eine Leitidee entstehen, die du in Worte fassen kannst.

Von Leidbildern zu Leitbildern

Die meisten selbst gebastelten Leitbilder werden gar nicht gelebt. Ich zweifle immer wieder an der Authentizität von Menschen und Unternehmern, die sich so ein innerliches Konstrukt zurechtlegen. Wenn dazu noch ganz offensichtlich das Kernziel dahinter die Profitmaximierung und das Umsatzwachstum sind, geht die Glaubwürdigkeit in meinen Augen völlig verloren – da bist du weit weg von einem echten Plan A. Und wenn du noch immer der Ansicht bist, dass es im Leben nur auf Umsatzwachstum, Profit und Etablierung ankommt, dann leg dieses Buch lieber gleich weg! Daher: Tappe nicht in die Falle, ein loses Leitbild oder schnöde Slogans mit dem eigentlichen Plan A zu verwechseln!

Das klingt alles nett. Aber eben nur für dein Ego – oder das der anderen. Wer nur für die Werte seines Egos arbeitet, fühlt sich irgendwann wie ein Lakai des Systems.

Entwickelst du hingegen einen attraktiven Plan A, entsteht eine immense Anziehungskraft, die du ausstrahlst – als Unternehmen und Person. Talentierte Mitarbeiter, interessante Partner, beste Lieferanten, Investoren und Kunden brauchst du dann nicht mehr mühsam zu suchen – sie finden dich! Sie fallen dir im wahrsten Sinn des Wortes zu. Von außen betrachtet, ist es Glück. Aus deiner Sicht ist es der gefundene Wertekompass auf der Landkarte deines Lebens, der dir Türen öffnet, von deren Existenz du vorher gar nichts geahnt hast.

Im Businesskontext geht es also darum, wie du Probleme der Menschen oder deines engsten Umfelds lösen kannst. Was kannst du dazu beitragen, ein drängendes Problem zu lösen und damit die Welt im Großen oder nur an einer kleinen Stelle zu verbessern? Die Antwort ist essenziell. Denn eines steht fest: Wo die Probleme sind, sind auch die Märkte!

Wie schon einer der größten Eishockeyspieler der Geschichte, Wayne Gretzky, sagte:
„Geh nicht dahin, wo der Puck ist.
Geh dahin, wo der Puck sein wird.“

Das müssen wir als Unternehmen bieten, denn nur das suchen die Menschen. Dafür bau dir eine Story mit den gefundenen Werten auf, damit du das Herz der Menschen ansprichst. Der Auszug aus dem Handelsregister ist nur für den Kopf. Nett, wie dein Logo aussieht. Nett, aus welchen Anagrammen und Symbolen dein Logo besteht und welche Farben dich darin so ansprechen. Alles Quatsch, wenn die Story nicht verstanden wird!

Am Ende ziehen die Besten die Besten magisch an und das Ergebnis ist ein guter Profit, wobei der finanzielle Gewinn niemals das Ziel sein darf.

Es geht einzig und allein um den Weg. Einen Weg, der dich Schritt für Schritt in die richtige Richtung bringt, dich Tag für Tag dem näherbringt, was dich glücklich macht. Und auch der Weg an sich ist dazu gedacht, dich glücklich zu machen. Glücklich und frei.

» Frei von all den Wünschen, die nicht wirklich deine sind.
» Frei von allen Erwartungen, die andere an dich haben.
» Frei von den Zwängen, so sein zu müssen, wie „es sich gehört", anstatt so zu sein, wie du sein möchtest.
» Frei von der Mühsal, eine Karriere zu verfolgen, die sich deine Eltern für dich erträumen.
» Frei von Vorstellungen, die nicht zu deinen ureigensten Werten passen.

Du siehst: Es geht um deine Bestimmung, das Leben, das du wirklich leben willst. Weg von den Meinungen deiner Familie, deiner Freunde oder deiner Arbeitskollegen. Der Plan A gehört dir. Nur dir!

**Fü(h)r dich – fü(h)r andere.
Nur wer sein Warum erkennt,
kann andere Menschen
führen und inspirieren.**
Jürgen Eisserer

Plan A - Finde deine Story

Glücklich ist der, der seine Talente in der Leichtigkeit eines Kindes ausspielen kann. Wenn du das für dich beherzigst, geduldig auf immer wieder bietende Gelegenheiten wartest und auch unangenehme Tatsachen akzeptieren kannst, ist dein Kopf schon einmal richtig gepolt. Die Talentsuche füllt ein eigenes Buch. Aber mit dem Wertekompass kannst du dich an das Grundskelett der Werte herantasten, die für dich als Leitsterne deines Handelns dienen.

Die Suche nach Ordnung

Unser Kopf sucht stets nach Ordnung und Strukturen. Auch aus diesem Grund ist ein Plan A hilfreich, um die Komplexität des Daseins auf wenige für dich gültige Werte zu reduzieren, um negative Eigendynamiken durch äußere Einflüsse zu filtern, und um verloren gegangenes Vertrauen in dich und andere zu kompensieren.

Wenn dein Plan A erst einmal steht, werden viele Entscheidungen überflüssig – vieles ergibt sich von selbst. Wenn du weißt, was für dich wichtig ist, dann weißt du auch, wohin die Reise gehen soll und triffst so automatisch die richtigen Entscheidungen. Auf diese Weise lässt sich einerseits Energie sparen, andererseits wird der Weg müheloser – du baust keinen unnötigen Widerstand auf und genießt das Unterwegssein.

Vielleicht hast du schon Erfolgsratgeber gelesen, die dir einen produktiveren Tag, mehr Effizienz und noch mehr Output versprechen. Alles basiert auf Techniken, wie du dich selbst optimieren kannst. Was per se nicht schlecht ist, kann aber auf Dauer verrückt machen.

Der Plan A gibt dir diese Ordnung und Klarheit wieder, um ein Zuviel an Optimierung einzugrenzen. Der Plan A gibt dir eine Urkraft, aus der du wesentlich mehr schöpfen kannst und dich somit auf die für dich wirklich wesentlichen Hilfsmittel und Techniken zur Selbstoptimierung, von denen es zur Genüge gibt (Aphorismen, Glaubenssätze, etc.), konzentrieren kannst, ohne dabei in den Wahnsinn getrieben zu werden.

Es muss spannend bleiben

Wir bleiben dran, wenn unser Plan A spannend genug ist und uns die Story, die wir uns selbst darüber erzählen, ins Herz trifft.

Wir Menschen suchen nach Herausforderungen, die größer sind als wir selbst. Damit wir uns selbst verwirklichen können, suchen wir nach diesen großen „Anker-Geschichten". So mag sich manch einer, der seinen Körper stählen möchte, auch heute noch Arnold Schwarzenegger zum Vorbild nehmen, der uns eindrücklich gezeigt hat, wie sehr der Kopf den Körper beeinflussen kann.

Und doch soll es nicht ums Endprodukt gehen. Es soll darum gehen, dass du den Weg zu den Hanteln gerne antrittst. Dass du weißt, warum du es tust. Und idealerweise noch eine gewisse Freude dabei verspürst, wenn deine Muskeln brennen und schmerzen. Ein anderer findet sich vielleicht in der Geschichte von Michelle Obama wieder, die es geschafft hat, zunächst die Tätigkeiten als Anwältin und Mutter unter einen Hut zu bringen, um schließlich als First Lady im Weißen Haus zu landen. Solange wir unser Handeln nicht von solchen Stories und unseren Vorbildern abhängig machen, ist das sehr erstrebenswert, denn diese Geschichten lassen uns oft erst über uns hinauswachsen. Doch die Gefahr dabei ist, dass viele zu einem Abziehbild ihres Vorbilds werden. Charakteristika zu übernehmen, ist völlig okay, mehr allerdings nicht.

You‘re an original, Baby!

Oft vergleichst du dich mit anderen, die diesen Weg schon gegangen sind – und gibst gleich wieder auf.

Vielleicht hat dich obiges Beispiel ja sogar so beeinflusst, dass du nun denkst: „Na der hat‘s schon, das hätte ich auch gern!“

Wo du mit dem Vergleichen beginnst, dort endet dein Glück!

Jürgen Eisserer

Weil du meinst, dass du an die ohnehin nie herankommst. Es mag schon sein, dass du „niemals so gut wirst“. Es ist aber auch gar nicht gesagt, dass du ein Abziehbild einer anderen Person werden sollst. Denn in deiner speziellen Kombination und mit deinen ganz eigenen Talenten hast du keine Konkurrenz. Sich an anderen zu orientieren, ist hingegen oft eine Form der Visualisierung, die dich sehr wohl weiterbringen kann.

> Der Schwimmsportler Joseph Schooling traf im Jahr 2008 sein damaliges Idol Michael Phelps im Zuge einer Fan-Veranstaltung. Der kleine Junge, der zu dem Spitzensportler aufschaute, trainierte und legte sich ins Zeug. 2016 gewann Joseph bei den Olympischen Spielen Gold – gleich vor Michael Phelps, der Zweiter wurde.

Write your own story

Menschen folgen dir und deinem Plan A, also deiner Story, wenn sie mit ganzem Herzen dabei sein können. Sie finden den Plan A in deinem Produkt, in deinem Unternehmen, in deiner Geschichte. Wenn Unternehmen nicht klar definiert haben, worum es bei ihnen eigentlich geht, dann wird bald die Motivation fehlen, sie gut zu finden oder ihnen zu folgen.

Doch kein Mensch kann motiviert werden – das sind wir schon.

Motivation entstammt aus dem lateinischen Wort movere, was bedeutet, in Bewegung sein. Und wir sind ständig in Bewegung. Wenn du als Angestellter allerdings daherschleichst wie ein vertrockneter Salamander, weil du die Story deines Unternehmens nicht verstanden hast, oder es überhaupt keine Story gibt – was meist leider der Fall ist –, ist von Motivation nicht viel zu spüren.

> Im Herbst 2019 wurde ich vom Geschäftsführer eines kleinen Baustoffhändlers angerufen. Nach einem netten Small Talk war seine kurze knappe Frage: „Möchten Sie unsere Mitarbeiter beim Kick-Off motivieren?". Meine prompte Absage kam für ihn etwas überraschend. Ich halte nichts von Motivierungsmaßnahmen in Unternehmen – warum, das machte ich ihm schnell klar. Was daraus entstand, war ein unterhaltsamer Perspektivenwechsel mit einem anschließenden Workshop, in dem ich den klaren Auftrag erhielt, gemeinsam mit der Führungscrew die Geschichte des Unternehmens so darzustellen, dass sie auf dem Markt als Magnet wirkt.
>
> Bei Greenpeace z. B. trägt die Idee die Leidenschaft.
>
> BMW lebt die „Freude am Fahren".
>
> Und aus meiner „Service-Nummer 1 im Baustoff-Handel" wurde der „freundliche Baumarkt". Was nun so einfach auf dem Papier steht, ist ein langwieriger Entstehungsprozess – und das gilt für dich als Mitarbeiter, angehender Selbstständiger, Führungskraft oder Unternehmer gleichermaßen. Genau in diesen Details liegt der Teufel versteckt.
>
> Doch auch, wenn es zunächst aussieht wie eine sinnlose Investition, die man eigentlich besser nutzen könnte, ist dies schlussendlich das Herzstück deines Unternehmens.

Mein persönlicher Plan A

Mein Plan A hat sich erst nach und nach entwickelt. Ich habe ihn durchgezogen und für mich ist er perfekt, so wie er ist – was nicht heißt, dass es nicht schon wieder neue Ideen gibt ...

Doch wer glaubt, dass jetzt alles paradiesisch ist, nur weil ich mir als Unternehmer die Zeit frei einteilen kann, der irrt sich.

Jeder Plan A hat auch seinen Preis. Selbstdisziplin musste ich erst auf die harte Art lernen. In meinem Job sagt mir niemand, wann ich aufstehen muss, welche Aufgaben welche Priorität haben, oder welchen Tagesablauf ich einzuhalten habe. Ich bin in jedem Sinn des Wortes selbst-ständig. Für mich war es ein harter Weg, mir ein Zeitmanagement anzueignen, das für mich und meinen Job funktioniert. Ich stehe in all meinem Handeln in unmittelbarer Verantwortung zu mir selbst – finanziell und persönlich.

Das bedeutet aber auch, dass es keine Sau interessiert, wenn ich etwas nicht mache. Allerdings zahlt dann auch keine Sau meine Rechnungen, wenn die Arbeit liegenbleibt und die Kunden nicht zahlen.

Wenn die Selbstständigkeit ein neuer Weg ist, den du gehen willst, dann muss dir vollkommen klar sein, dass sich dein Leben enorm verändert, wenn du nicht mehr angestellt bist. Wobei dieses Buch kein Manifest zur Selbstständigkeit sein soll. Das Glück des Einzelnen liegt in seiner individuellen Entscheidungsfähigkeit. Und diese kannst du auch in deinem aktuellen Job oder in deiner aktuellen Lebenssituation finden. Den Perspektivenwechsel, um diese Scheuklappen der globalisierten Welt abzulegen, arbeiten wir in diesem Buch gemeinsam auf. Denn es geht darum, deinen EIGENEN Plan A zu finden und zu gehen.

Ob Weltretter oder Regenwurmzüchter...
Egal wie groß, egal wie klein – Hauptsache dein!

Anmerkung: Du findest im Anhang einen QR-Code mit dem Link zu meiner Webseite. Dort kannst du dir diverse zusätzliche Ressourcen downloaden, die dich bei der Suche nach deinem Plan A unterstützen.

Nichts kommt ohne Preis

Freiheit hat ihren Preis. Den Preis der Eigenverantwortung.

> In der Anfangszeit meiner Selbstständigkeit war ich ziemlich lasch, was Disziplin betrifft. Um neun Uhr vormittags begann ich erst langsam, in die Gänge zu kommen.
>
> Öfter als einmal war ich unter der Woche wandern oder beschäftigte mich mit Dingen, die mich beruflich nicht wirklich voranbrachten. Ich lebte in einer Art geistiger Schonhaltung, hatte keinen Plan A, keine größere Vision und daher auch keine Disziplin. Es war zwar ein angenehmes Dahinleben, mit viel Zeit, schönen Projekten und unglaublich vielen und wertvollen Erfahrungen – weitergebracht hat mich das jedoch nicht.
>
> Rückwirkend betrachtet war meine Anfangszeit die wertvollste Erfahrung überhaupt. Sie hat mich geprägt und meine Essenz herausgeholt. Was damals Stillstand bedeutete, ist heute Erfahrung. Damit kann ich meine Klienten vor eben jenen Fehlern bewahren, die mir selbst unterlaufen sind.

Das Polaritätsprinzip des Lebens

Wo ein Tal, da auch ein Berg. Wo Licht ist, da auch Schatten. Wo Kälte, da auch Wärme. Alles im Leben hat seinen Gegenpol. So auch die Freiheit. Dementsprechend gibt es keine Freiheit ohne Verantwortung.

Also sei dir darüber im Klaren: Je mehr du von der Freiheit willst, desto mehr musst du an Eigenverantwortung übernehmen.

Freiheit, aber keine Verantwortung

Das klingt nach einem Wunschtraum. Nach der idealen Art und Weise zu leben. Doch es ist ein Irrglaube, dass das funktioniert! So fällt es zum Beispiel den meisten „Von-heute-auf-morgen-Millionären“ auf den Kopf, dass sie nie gelernt haben, Verantwortung für so viel Geld zu übernehmen. Sie hatten keine Chance, hineinzuwachsen, und sind meist schneller wieder arm, als sie „bankrott“ sagen können.

Solltest du also nicht durch großes Glück oder Geburtsrecht in einer privilegierten Position sein, vergiss diese Option.

Wenn du von jemandem aus heiterem Himmel die Möglichkeit erhältst, aus deiner Sicht „freier“ zu sein, in welcher Art auch immer, denk daran, dass durch dieses Prinzip VON DIR AUS Verantwortung dafür gefordert wird. Alles andere wäre ziemlich dumm von deinem Gegenüber.

Verantwortung, aber keine Freiheit

Das will niemand, auch wenn es viele haben. Du musst für Entscheidungen anderer geradestehen? Dann wird es Zeit, das zu überdenken! Das Einzige, was sonst folgt, ist Selbstaufgabe – oder irgendwann ein Burnout.

Keine Verantwortung und keine Freiheit

Dieses Konzept findet sich in den meisten Unternehmen wieder. Ein Grund mehr, warum ich für mich den Plan A in der Selbstständigkeit gefunden habe. Aber auch ich musste durch dieses Mühlrad des Polaritätsprinzips erst selbst durch, um zu erkennen, dass das eine das andere bedingt. Wobei nichts dagegenspricht, wenn du gerne mit weniger Verantwortung im Job lebst und dabei trotzdem dein Glück finden kannst.

Scheiß auf Plan B – das ist kein Harakiri

Dieses Buch heißt ja nun bewusst nicht „Finde deinen Plan A“ sondern „Scheiß auf Plan B“. Eigentlich sollte es heißen: „Scheiß auf alle Pläne außer A“. Denn in dem Augenblick, in dem du beginnst, verschiedene Pläne zu verfolgen, verzettelst du dich und kommst nirgends weiter. Plan B steht also in unserem Fall für alles, das nicht unmittelbar mit Plan A in Einklang zu bringen ist. Auf Plan B scheißen klingt erstmal gut, oder? Voraussetzung, sich ohne Netz auf etwas einzulassen, ist allerdings, dass du dir deinen Plan A wirklich gut überlegst.

Nicht nur, auf welchem Weg deine Reise verlaufen soll, sondern auch, was du für dessen Umsetzung benötigst: die richtige Einstellung, einen Kompass und vieles mehr.

Wenn du sprichwörtlich auf etwas scheißt, dann ist es unabdingbar, dass du eine klare Vorstellung davon hast, wie es sein soll.

Andernfalls drehst du dich im Kreis.

Erst in diesem klar definierten Kontext kannst du dir erlauben, alle anderen Pläne und Ideen zu vergessen – du hast eine klare Richtung, in die es gehen soll. Und selbst, wenn du mal ohne Landkarte unterwegs bist, hast du immer noch einen Kompass, der dir die Richtung deines Leitsterns zeigt.

Kurz gesagt: Nur draufscheißen reicht nicht!

Warum dich ein Plan B nicht glücklich macht

Wenn wir immer auf Plan B vertrauen, wird das Leben leicht zu einem einzigen Dauerkompromiss. Wir geben die Verantwortung für unser Leben in andere Hände. Das entschiedene „Vielleicht" lässt uns weich werden.

Kompromisse sind für keine Seite von Vorteil. Schon gar nicht, wenn du den Kompromiss mit dir selbst eingehen musst. Sicherheit gegen Freiheit, Bequemlichkeit gegen Abenteuer ..., wenn du einen Mittelwert nimmst, kommt Grau heraus. Ein fades, langweiliges, farbloses Grau. Du hast keine wirkliche Sicherheit, aber auch keine absolute Freiheit. Es ist nicht richtig bequem, aber von einem Abenteuer ist es ebenfalls weit entfernt. Zurück bleibt der schale Geschmack der Mittelmäßigkeit.

Oder bist du glücklich, wenn du etwas richtig Großes erleben möchtest, und stattdessen einen sogenannten „Abenteuerurlaub" mit einem straff organisierten Zeitplan und einer bevormundenden Reiseleitung durchleidest?

Ich trete seit vielen Jahren regelmäßig einmal im Jahr allein eine kleine Abenteuerreise in eine neue Kultur oder in die einsame Wildnis an. Da gibt es keinen Kompromiss. Es macht mich glücklich, wenn ich die Freiheit der Natur in einem Zelt und nur mit Nüssen als Wegzehrung, mit Wanderschuhen oder meinem Bike spüren kann. Alles andere würde mich nicht zufriedenstellen und am Ende todunglücklich zurücklassen. Das weiß auch meine Lebensgefährtin und sie akzeptiert, dass ich dann einfach mal weg bin. Den Rest des Jahres haben wir immer noch Zeit, um gemeinsam zu reisen und Erfahrungen zu sammeln.

Hör auf dein Herz – aber echt jetzt!

„Hör auf dein Herz, blabla", denkst du nun vielleicht. „Wenn mich das Leben mit Kacke bewirft, dann ist das leichter gesagt als getan!" Und es muss nicht mal so schlimm sein. Selbst, wenn es einfach nur nicht optimal läuft, kommen schon Zweifel. Du stehst vor einem persönlichen Dilemma: Welchem Weg sollst du folgen? Dem deines Herzens oder dem vermeintlich sicheren? Auch ich bin in meiner Karriere schon vor solchen Entscheidungen gestanden.

Vor einigen Jahren hatte ich die Wahl zwischen zwei Jobs. Ich konnte mich entweder dafür entscheiden, die Marketingabteilung eines Freizeitbetriebs mit 15 Mitarbeitern zu leiten, oder als Verkaufsleiter einer kleinen Druckerei zu arbeiten. Entweder – oder. Beides machte mir Spaß, für beides habe ich Talent. Beim Verkaufen bin ich voll in meinem Element und auch durchaus erfolgreich, auf der anderen Seite jedoch war es mein großer Traum, meine Liebe zu Entertainment, Show und Unterhaltung auszuleben. Wäre ich meiner Vision treugeblieben, so hätte ich keine Sekunde gezögert. So aber wägte ich ab.

Zu dieser Zeit investierte ich eine Menge Geld in nebenberufliche Ausbildungen. Ich wollte damals schon vor Menschen sprechen, sie inspirieren und unterhalten. Diese – großteils sehr teuren – Ausbildungen hatten einen entsprechend ziemlich traurigen Kontostand zur Folge.

Nach langem Hin und Her entschied ich mich daher für den Job als Verkaufsleiter, der in vielerlei Hinsicht meine zweite Wahl, aber einfach wesentlich lukrativer war. Ich war also in hohem Maß von Faktoren beeinflusst, die bei einer Abwägung des Plans A nicht an erster Stelle stehen sollten: Geld und Sicherheit.

Wegen des Geldes habe ich nicht auf mein Herz gehört und meine Vision ignoriert. Stünde ich heute nochmals vor dieser Entscheidung, so würde sie völlig anders ausfallen! Aber entscheidend ist nicht das, was du in der Vergangenheit gemacht hast, sondern das, was du nun tust.

Die Kunst, ein Ziel zu erreichen, liegt nicht nur darin, einen Traum zu finden, für den es sich zu gehen lohnt. Sondern den Schmerz einzuplanen, der mit dem Loslassen einhergeht.

Die größten Chancen sind nicht immer die besten

Bei einem Urlaub auf Bali machte ich an den letzten Tagen am Strand noch einen Surfkurs. Unser Guide Joe quälte uns mit hunderten Trockenübungen, um uns beizubringen, wie wir nicht nur richtig aufs Brett steigen, sondern auch darauf stehen bleiben. Im Trockenen hatten wir großartige Haltungsnoten, im Wasser sah es dann allerdings etwas anders aus: Voller Begeisterung schafften wir es, nach den ersten kleineren „Gehversuchen" auf dem sogenannten Weißwasser, also den kleineren schäumenden und schon gebrochenen Wellen, schon mal ein paar Meter zu surfen.

Wir begannen mit kleinen Wellen, freuten uns aber wie Kinder, als die Wellen größer wurden. Ja, langsam wurde es etwas! Dann sahen wir aus der Ferne eine ziemlich große Welle auf uns zukommen. Die war es! Wir hielten unsere Boards bereit und wollten gerade losstarten, als unser Guide Joe in unsere Richtung gesprintet kam.

„Lasst die aus!"

Wir waren zwar enttäuscht, hörten aber auf ihn. Er hatte uns einen großen Gefallen getan, denn diese Welle hätte uns gefährlich werden können. Wir als Anfänger konnten es nicht sehen, er mit seiner Erfahrung nahm es ganz anders wahr.

Er erklärte es uns auch gleich, und ich finde, dass in seiner Erklärung eine wunderbare Symbolik steckt. „Es kommt auf den Wind an, auf die Strömung im Untergrund und auf den Grad, in dem sie bricht!"

Wie im „richtigen" Leben ist es also wichtig, Parameter einzuberechnen, die wir nicht beeinflussen können. Das Erkennen mancher dieser Parameter ist nur mit Erfahrung möglich. Die größte Welle ist nicht immer die beste zum Surfen. Auch im Leben ist nicht immer das offensichtlich beste Angebot oder der interessanteste Plan das, was wirklich mit unserer Vision übereinstimmt. Wir kennen nicht alle Parameter, die den erfolgreichen Stand am Brett ermöglichen – geschweige denn, dass wir die Technik für diesen Weg beherrschen. Daher gilt es, hineinzuspüren, welcher Weg wirklich dein Plan A sein sollte.

Teil 2
Finde deinen Plan A und setze ihn um!

Finde deinen Plan A – und setze ihn um!

Einen Plan A zu finden, **deinen** Plan A zu finden, ist eine Reise an sich. Du benötigst dafür einige Werkzeuge wie den angesprochenen Wertekompass, aber auch Mut und den Wunsch nach Veränderung sowie einiges andere. Im Laufe dieses Buches wirst du die einzelnen Faktoren näher kennenlernen und wir werden auch gemeinsam herausfinden, was zu tun ist, wenn etwas schiefgeht. Doch zunächst heißt es einmal, deinen Plan A herauszufinden.

Unternehmen mit einem Plan A

Der Plan A ist der Sinn und Zweck deines Handelns und deines Unternehmens. Früher musstest du zum Arzt, wenn du Visionen hattest, heute musst du zu ihm, wenn du keine hast. Dieser Paradigmenwechsel findet in unserer Gesellschaft gerade erst statt.

Der Plan A bestimmt deine Vision – die Leitmaxime für alles, was du tust. Er sagt dir, weshalb du überhaupt existierst oder was dein Unternehmen in die Welt bringen will.

» Google sieht sich selbst nicht als größten globalen Suchmaschinenbetreiber, sondern es organisiert die Informationen der Welt auf einer Plattform.
» Amazon hatte zu Anfang nicht die Vision, das größte Einkaufsportal der Welt zu sein, sondern für höchste Kundenzufriedenheit zu stehen.
» Menschen bei Greenpeace arbeiten für jenen Tag, an dem sie überflüssig werden.
» Volvo-CEO Lex Kerssemakers verlautbarte vor einigen Jahren folgende Vision: „Ab 2020 stirbt kein Mensch mehr in einem Volvo!“

Im Bereich der Gastronomie ist Klaus Kobjoll ein Vorreiter des Plan A. Er betreibt seit 1984 den Schindlerhof, ein Vier-Sterne-Tagungshotel in Nürnberg. Als im Jahr 1990 der Branchenaward „Hotelier des Jahres“ gegründet wurde, war Kobjoll der Erste, der ihn gewann. Und dabei blieb es nicht. Es kamen zahlreiche andere Preise für Service und Mitarbeiterfreundlichkeit dazu. Er führt seine Häuser nach dem Prinzip der Herzlichkeit.

Und das ist in jeder Ecke des Schindlerhofs zu spüren. Damit Kobjoll die Einstellung der künftigen Mitarbeiter zum Thema „Gastorientierung“ auch gleich testen kann, werden Bewerbungsgespräche schon mal um 5 Uhr morgens geführt.

Dies sind nur wenige Beispiele von Unternehmen und Unternehmern, die ihren Plan A leben.

Wo ein Wille …? Na ja, nicht immer!

Nur so viel vorweg: Der Wille allein genügt nicht, um deinen Plan A umzusetzen und zu leben. Schon gar nicht, wenn es um berufliche Erfüllung und Erfolg geht. Hier zählt dein Mut zur Veränderung und der Mut, danach zu handeln. Auch wenn wir es schon tausendfach gehört haben, bleibt es der kolossalste Schwachsinn überhaupt: Menschen, die darauf hoffen, mal so richtig motiviert zu werden. Dann werden sie schon wollen. Aber damit bereitest du dir den Nährboden der Fremdbestimmung auf. Nicht das eigene Wirken, das aus eigenem Antrieb durch den Plan A entfaltet wird, steht im Mittelpunkt, sondern der Anreiz in Form von Schulterklopfen, Belobigung und anderen Boni-Injektionen aus deinem Unternehmen sind im Vordergrund. Das ist aber niemals dein Plan A!

Und ab diesem Moment wird's brenzlig: Es geht nicht mehr vorrangig um die Aufgabe, deren Erfüllung du selbst gestalten kannst, sondern um das Erreichen einer Belohnung, die dir jemand anderes bereitgelegt hat – oder eben nicht. Es geht also wieder nur darum, Zahlen zu produzieren, statt den Sinn hinter der Aufgabe und den Stolz auf das Tun wieder zu erwecken.

Das ist ein schleichendes Gift, das aus Menschen belohnungssüchtige Arzneiempfänger macht. Das ist tragisch für dich und dein Unternehmen und auch die Menschen, die so den eigenen Antrieb und den Willen verlieren, selbst den Plan A aus sich heraus zu finden.

Connecting the dots

Steve Jobs spricht in seiner bekanntesten Rede davon, die Punkte zu verbinden, „Connecting the dots". Er sagt, du kannst die Punkte nur im Nachhinein verbinden, musst also zuerst deinem Herzen folgen, um später herauszufinden, welche wertvollen Erfahrungen du dabei gemacht hast. Du kannst es nicht planen.

Das Leben wird immer rückwärts verstanden und vorwärts gelebt.

Søren Kierkegaard, dänischer Philosoph

Du kannst deine Reise visualisieren und tun, was du liebst – und dabei darauf vertrauen, dass die Ereignisse, Erfahrungen und Erkenntnisse deines Lebens sich schließlich zu einem Gesamtbild zusammenfügen. Mit den Erfahrungen, die du jetzt schon gemacht hast, egal ob du 18 oder 80 Jahre alt bist, kannst du diese Punkte wunderbar miteinander verbinden und daraus deinen Plan A finden.

Was siehst du?

Wenn du dein Leben bisher mit einem einzigen Wort beschreiben müsstest: Welches wäre das? Such dir Synonyme zu diesem Begriff, assoziiere Gefühle damit. Das ist ein Tipp, um sich an die Werte deines Lebens zu wagen.

Die Antwort darauf ist meist nicht instinktiv zu finden, sondern ein Prozess über viele Wochen oder auch Monate, auf den du dich einlassen musst. Ich für meinen Teil habe mein Leben lang gerne Geschichten gelesen, erzählt und verkauft. Egal ob auf der Bühne, im Marketing oder Vertrieb – es dreht sich also alles um persönliche Weiterentwicklung mit Kommunikation. Das ist es, was ich gefunden habe, als meine Punkte zum Titel meines Plan A verbunden wurden. Wenn du die Punkte deines bisherigen Lebens verbindest, was siehst du? Hast du das gemacht, wofür du brennst, oder fügen sich deine Punkte zu einem Bild, das dir nicht so gut gefällt? Das ist überhaupt nicht dramatisch – möglicherweise können dir gerade diese Erfahrungen auf deiner Reise enorm zugutekommen. Und du kannst die Richtung deines Lebens jetzt und jederzeit ändern, indem du deinem Plan A folgst. Im Leben jedes Menschen gibt es unzählige Umwege – gerade in den tiefsten Punkten oder zu den „erfolgreichsten“ Zeiten kommen Menschen zur wichtigen Erkenntnis, dass es auch eine andere Richtung gibt oder geben muss. Und gerade die Erkenntnisse dieser Umkehrpunkte gilt es, mit „connecting the dots“ zu finden. Sie sind es, die uns im Endeffekt dorthin führen, wo wir hinwollen.

An den Scheidewegen des Lebens stehen keine Wegweiser.

Charlie Chaplin

Aber die Tief- und Höhepunkte der Vergangenheit zu erkennen, gibt uns eine Richtung für die Zukunft.

Der Mut und die Angst

Um dich auf den Weg zu machen, brauchst du das Herz eines Löwen – und eine Story, die dich so mitreißt, dass die Angst noch mehr Energie freisetzt.

Sich zu entscheiden, anstatt Überlegungen und Berechnungen immer und immer wieder zu überarbeiten, erfordert Mut. Was aber tun, wenn die Angst überwiegt? Entwicklungspsychologisch gesehen ist Angst eine sehr wichtige Emotion. Sie hat unsere Vorvorvorfahren am Leben erhalten. Hätten sie keine Angst gehabt, hätte sie der erste Säbelzahntiger, dessen Weg sie kreuzten, zum Frühstück verspeist. Säbelzahntiger gibt es schon lange nicht mehr, doch noch heute hält uns diese Angst sehr oft von Dingen ab, die wir bekommen oder erreichen möchten. Vieles davon ist geprägt durch unser Elternhaus. Denn jede Angst ist etwas Erlerntes, das auf gemachten Erfahrungen basiert. Oder wie Goethe sagte: „Zwei Dinge sollen Kinder von ihren Eltern bekommen: Wurzeln, solange sie klein sind, und Flügel, wenn sie größer werden."

Deshalb haben ängstliche, auf Sicherheit bedachte Eltern auch meist ängstliche Kinder. Durch dieses Sicherheitsdenken wird es bei großen Veränderungen oftmals noch weit größere Überwindung kosten, etwas zu verändern. Denn Angst macht echte Erfahrungen unmöglich. Ein Grund mehr, warum für mich Gruppentouren oder Massenabfertigungen auf Reisen den Charme einer verdorbenen Zwiebel haben. Du wirst beispielsweise ein Land niemals wirklich erlebt, kennengelernt und verstanden haben, wenn du eine All-inclusive-Pauschalreise mit doppelter Storno-Rücktrittsversicherung, vorgebuchtem Transferservice, Touristenprogramm und vorhersehbarem Ablauf buchst. Hier fehlt der Mut, etwas zu erleben. Das ist kein Hals-über-Kopf-Risiko, sondern die Freiheit, in der Planung auch Unbekanntes zuzulassen. Wir lieben Menschen, die an uns glauben. Und wir brauchen sie heute mehr denn je. Denn sie verleihen uns Flügel. In meinem Fall waren es meine Eltern, die, egal wie oft ich meinen Job gewechselt habe, immer hinter mir gestanden sind und mir Flügel verliehen haben. Sicher gibt es in deinem Umfeld solche Menschen. Du musst sie nur finden, denn es ist einfacher, Mut zu erlernen, als Angst zu verlernen.

Krisen gibt es nur im Kopf

Wir schrieben das Frühjahr 2020. Am Freitag, den 13. März 2020, hatte ich das letzte Mal für über zwei Monate die Gelegenheit, ein Seminar live vor Publikum zu halten. Schon einen Tag später war Österreich im Lockdown und nichts ging mehr. Die Corona-Pandemie traf unter anderem den Trainer- und Speaker-Markt mit voller Härte: Alle Trainings und Events mussten abgesagt werden, die Angst war im Kopf der Unternehmer allgegenwärtig. Auch in meinem – allerdings nur kurz.

Die Erfahrung aus meiner ersten Selbstständigkeit und das Vertrauen derer, die mich immer unterstützt haben, gaben mir genau jenen positiven Antrieb, den ich für diese Zeit dringend brauchte. Vor vielen Jahren war aus meinem Stillstand ein Rückschritt geworden – etwas, das ich nie mehr erleben wollte.

Ich schöpfte also aus meiner anfänglichen Angst eine unglaublich positive Energie. Noch nie in meinem Leben habe ich so viel gearbeitet wie in der Zeit des Lockdowns, den ich eingepfercht im „goldenen Käfig" des Home-Office verbracht habe! Praktisch über Nacht war ich wie so viele andere Unternehmer gezwungen, mir eine völlig neue Arbeitsweise anzueignen. Es entstanden neue Ideen, Konzepte, Projekte und Seminare, neue Kooperationen und Gespräche mit inspirierenden Persönlichkeiten, die nie die Zuversicht verloren, und auch der Feinschliff für dieses Buch. Auch die Ergebnisse vieler Unternehmer, die in dieser Zeit nicht den Kopf in den Sand steckten, können sich sehen lassen. Zum Teil mussten Hunderte Arbeitsplätze in wenigen Tagen ins Home-Office verlagert werden. Gespräche konnten nur noch online abgehalten werden, selbst digitale Verweigerer sahen plötzlich Licht im Dschungel des Web. Disziplin und Eigenverantwortung im Home-Office mussten wir uns mühsam antrainieren, mussten zwischen Home-Schooling für die Kids und den Anforderungen des Jobs pendeln und moderne Führungskräfte eigneten sich in kürzester Zeit wichtige Fähigkeiten an, um ihre Teams über große Distanzen führen und zusammenhalten zu können. Diese Zeit zeigt also, dass der Mensch immer wächst – vor allem mit der Herausforderung. Und die wirklichen Krisen finden nur in unserem Kopf statt. Diese geistige Flexibilität kann jedoch nur wachsen, wenn wir unsere Angst in gesunde Bahnen lenken können. Die Corona-Krise lässt uns viele vorher alltägliche Themen kritischer hinterfragen, was enormes Optimierungspotenzial für Unternehmensprozesse und die Menschen selbst bereithält.

Angst macht dumm

Frederic Vester, Autor des Bestsellers „Denken, Lernen, Vergessen", konnte belegen, dass Angst tatsächlich dumm macht: In einem Versuch wies er nach, dass es in einem angstfreien Prüfungsklima auf 100 Fragen 90 richtige Antworten gab. Wurde den Probanden hingegen vor dem Test Angst vor den Folgen falscher Antworten suggeriert, kamen auf 100 Fragen nur noch 50 richtige Antworten. Angst hat hierbei also die Problemlösungskompetenz halbiert. Kurz gesagt: Angst macht dumm!

Sich der Angst stellen, anstatt davonzulaufen

Es gibt also keinen anderen Weg, mit Angst umzugehen, als durch sie hindurch zu gehen. Denn Angst ist ein Moment ohne Mut. Und Mut ein Moment ohne Angst.

Hast du Angst vor Schlangen, solltest du irgendwann eine streicheln.

Hast du Angst vor Spinnen, solltest du eine auf den Arm nehmen.

Hast du Angst, vor Menschen zu sprechen, solltest du vor Menschen sprechen. Alle psychologischen Therapien basieren auf diesem Prinzip. Es läuft alles darauf hinaus, sich mit seiner Angst direkt auseinanderzusetzen – Desensibilisierung lautet das Stichwort. Das Problem dabei ist, dass viele mit Höhenangst gleich vom 10-Meter-Turm springen wollen, statt den Erfolg einer ersten Sprosse zu genießen und sich erst langsam hochzuarbeiten.

Kopfkino – Unterstützung oder Lähmung?

Du kannst dein Kopfkino auf Angst fokussieren. Auf die möglicherweise üblen Konsequenzen deiner Entscheidungen oder auch auf die bekannten negativen Glaubenssätze: „Ich bin zu alt“, „Es ist zu spät“, Das geht sowieso nicht“, „Ich hab mir schon was aufgebaut, das ich nicht verlieren möchte“, „Das kann ich nicht.“, etc. Oder du fokussierst dich auf die Möglichkeiten, die dir offenstehen.

Unsere Angst ist ja bekanntlich die Urmutter all unserer Befürchtungen – dementsprechend gibt es auch selbsterfüllende Prophezeiungen. Denn die Energie geht dahin, wohin unsere Gedanken uns leiten. Liegt deine Energie auf deiner Angst, wird sie dominieren.

Angstdomina

Im arabischen Raum sagt man: „Vertrau auf Gott, aber binde dein Kamel an.“ Also das Gegenstück zur Pseudoweisheit: „Vertrauen ist gut, Kontrolle ist besser.“ In unserer Gesellschaft wird nicht nur das Kamel angebunden, sondern auch noch ein Zaun mit Schloss und Burggraben rundherum gebaut, damit uns ja keiner etwas nehmen kann. So sehr werden wir von unserer Angst dominiert. Auch wenn ich absolut kein Freund der Anthony Robbins-Seminare bin, gefällt mir dieses Zitat von ihm außerordentlich gut: **„Where Focus goes, energy flows.“** Denk das nächste Mal an diesen Satz, wenn es um deine Ängste geht.

Wenn dir deine Träume keine Angst einjagen, sind sie nicht groß genug. Diese Aussage hat sicherlich ihre Berechtigung. Doch wenn du vor Angst erstarrst oder zu flüchten beginnst, bringt dich das auf Wege, die du gar nicht gehen wolltest.

Ich kann dich beruhigen: Das ist völlig normal. Die Frage ist nur, wie du diese Angst nutzt. Ist sie Ausrede oder Antrieb? Die Entscheidung liegt bei dir.

Erich Kästner sagte: „Wer keine Angst hat, hat keine Fantasie!“ Und auch das stimmt. Denn du wirst dir sicher nicht nur deine Siege in den hellsten Tönen ausmalen, auch die niederschmetternden Misserfolge werden vor deinem inneren Auge entstehen. Möglich ist alles ...

Angstlust

Eine andere Art, wie uns Angst dominiert, ist die sogenannte Angstlust. Damit bezeichnet man eine zwiegespaltene Gefühlslage, bei der aus einer eigentlich bedrückenden Situation ein regelrecht euphorisches und lustvolles Erlebnis wird.

Meist erkennt man solch eine Angstlust an Workaholics, die in der Regel zwanghaft arbeiten, um etwas zu vermeiden oder loszulassen. Meist klingen auch die Ausreden immer gleich. In der kritischen Phase heißt es dann meist „Ich mach das wirklich gerne", „Ich hab doch genug Zeit", „Ich kenne mich damit am besten aus". Meist überwiegt aber nicht die Lust an der Arbeit, sondern die Angst vor sich selbst.

Angetrieben von dieser Angst, in den Abgrund seiner Seele blicken zu müssen, wenn er nicht arbeitet, verbeißt sich ein Workaholic lieber in seine Arbeit. Er misst der Arbeit totalen Wert bei, nur um den wirklich drängenden Problem seines Lebens nicht ins Auge blicken zu müssen. Es ist eine Art Droge zur Ablenkung von der Angst. Wir gleichen damit auf andere Art und Weise aus, was uns im Leben fehlt.

Rat-Schläger sind Tot-Schläger

Viele Selbstständige oder solche, die es werden wollen, haben Angst davor, im Internet etwas über ihr – zukünftiges – Unternehmen zu posten. Die Angst vor negativen Meinungen unterdrückt den Drang, aus sich herauszugehen. Sichtbarkeit ist heute die neue Währung im Leben des Social Selling. Wer nicht bereit ist, öffentlich dazu zu stehen, was er gut und gerne macht, wird in der Wahrnehmung anderer niemals Geschäftspartnerschaften auf Augenhöhe führen können. Ob wir dieses Spiel der Angst, der Be- und Verurteilungen mitspielen, liegt allein an uns. Neider wirst du immer haben, wenn du gut oder außergewöhnlich bist. Ob du jedoch die Meinung anderer über dich annimmst oder ignorierst, ist deine Sache.

Du willst überzeugen. Das ist klar. Dann ist es umso wichtiger, nicht den Spuren zahlloser anderer zu folgen, sondern deinen eigenen Weg einzuschlagen. Nur Esel trampeln auf ausgetretenen Pfaden.

Wenn du merk-würdig sein willst, musst du eine hochgradig emotionale Botschaft verkörpern – das ist es, was deinen Plan A ausmacht. Diese Entwicklung spürt dann auch dein Umfeld und du wirst anders wahrgenommen.

Wenn du eine Berechtigung zum Mitreden in der „neuen Generation" des Business haben willst, liefere guten Content.

Du kannst zum Meinungsbildner werden, anstatt anderen nachzuplappern. Was du dafür brauchst? Ein bisschen Arsch in der Hose! Sag, was du denkst und steh dazu! Verkauf, was du für richtig hältst und fall nicht beim ersten Gegenwind um! Es zählt der Wert, der Nutzen, den wir weitergeben.

Kühn und unerschrocken. Wenn du hier deine Angst siegen lässt und verwechselbar wirst, frisst dich der Strudel des Business wie die Gegenströmung am Flussufer des Amazonas.

Die Angst vor der Meinung anderer

Egal, wie positiv dein Umfeld ist, du wirst immer Menschen kennenlernen, die deinen Weg aus verschiedensten Gründen nicht gut finden. Sei es, dass sie sich um dich sorgen, sei es aus Neid oder aus anderen Beweggründen, Gefühlen oder Ambitionen, die sie antreiben. Oft fällt es uns schwer, uns gegen den Meinungstrend zu stemmen. Wenn ein starker „Meinungsmonopolist" erst einmal seine ganz persönliche Interpretation der Sache vorgebracht hat und möglicherweise andere noch mit einstimmen, kommen die Andersdenkenden leicht ins Strudeln. Und leider ist es so, dass in gewissem Maße die Erfahrung und Meinung anderer unsere eigenen Gedanken einengt. So ist es nicht verwunderlich, dass wir allein diese starken Meinungen anderer Menschen oft schon als Bedrohung ansehen.

Vorgefasste Meinung zu Ideen

Wenn du abends im Pub sagst, du planst eine Reise nach Vietnam, dauert es sicher nicht lange, bis jemand geringschätzig sagt: „Ach, da war ich schon." (Kenn ich schon-Typen). Damit markiert er das Territorium wie Kolumbus höchstpersönlich. Doch lassen wir uns dadurch von unserer Reise abhalten? Sicher nicht! Wir entdecken das Land ohnehin auf unsere ganz eigene Art und Weise, und so wie wir es erleben, kann es niemand anderer erleben. Nur wir können die Reise mit unseren eigenen Sinnen wahrnehmen und machen sie damit zu einer einzigartigen Erfahrung. Wenn wir uns auf die „Reise" zu Plan A begeben, ist es ähnlich: „Selbstständig? Kenn ich schon! Vergiss es!"

Wenn wir uns hier den Meinungen anderer unterwerfen, wird es fast unmöglich, unseren Plan A auch wirklich umzusetzen.

Wenn du dich erst einmal für deinen Plan A entschieden hast, zweifle niemals an dir, sondern an der Meinung der anderen Menschen.

Also hör nicht auf die Nein-Sager, Verweigerer, Blockierer und die Menschen, die in ihrem Leben noch nie etwas verändert haben! Sie meinen es vielleicht gut, haben aber keine Ahnung von dem, was dich antreibt. Wie soll beispielsweise deine Familie beurteilen, ob dein Weg als Webdesigner, Influencer oder Programmierer zeitgerecht ist, wenn sie selbst ohne PC leben? Wie sollen sie wissen, ob du als Tischler, Künstler oder Tierfotograf Erfolg und Erfüllung findest, wenn sie selbst keinen Bezug dazu haben?

Stell die Meinungen der anderen immer in Relation zu deinen eigenen Erfahrungen und Gefühlen! Jeder hat eine eigene Realität. Überlege, was du tust und warum.

Die Erwartungen Fremder zu erfüllen, ist nicht das Ziel deines Tuns. Diese Überlegung eröffnet dir andere Werte, Möglichkeiten und Grenzen. Deine Grenzen sind dort, wo du sie festlegst.

Nicht jeder muss dein Freund sein

Du darfst Gegenwind bekommen. Es ist okay, wenn dich jemand aufgrund des von dir eingeschlagenen Weges nicht leiden kann oder einfach nicht versteht. Du kannst an Menschen geraten, die dich schneiden, beneiden und meiden.

Das macht nichts – ganz im Gegenteil! Alle großen Marken, Unternehmen oder Persönlichkeiten polarisieren. Sie alle orientieren sich hin zu jenen, die mit ihrer Weiterentwicklung klargekommen sind. Für dich können sie Wegweiser sein. Weg von jenen, die dich bremsen und ändern wollen! Hin zu deinen eigenen Werten und Träumen – hin zu deinem Plan A!

In der Geschichte gibt es zahlreiche Beispiele von Menschen, die für die Verwirklichung ihrer Ideen durch die Hölle gegangen sind. Die klassische Entstehungsgeschichte großer Ideen von großen Persönlichkeiten verlief dabei immer nach einem konkreten Muster:

» Abraham Lincoln (Kampf für die Vereinigung): belächelt, erschossen, kopiert
» Mahatma Ghandi (Kampf für Unabhängigkeit): belächelt, erschossen, kopiert
» Greta Thunberg (Kampf für Umweltschutz): belächelt, bekämpft mit Shitstorms, nun kopiert mit Greenwashing in Unternehmen
» Jan Böklov (schwedischer Skispringer, der den V-Stil eingeführt hat): belächelt, mit Punkteabzügen bestraft, heute ist sein Stil Standard im Skisprungsport
» Charles Sherrill (Sprinter, der den ersten Tiefstart durchführte): belächelt, weil er mit Spaten Löcher in den Boden stach, bestraft, kopiert
» Sokrates (griechischer Philosoph): belächelt, hingerichtet für geistige Brandstiftung, kopiert.

Nur Nullen haben keine Ecken und Kanten!

Erfolgreiche Persönlichkeiten lassen sich durch die Reibung verschiedener Meinungen nicht von ihrem Plan abbringen – im Gegenteil: Sie nutzen die dadurch entstehende Energie, sind unberechenbar und polarisieren noch weiter im Stile unterhaltender Überraschung. Gerade im Augenblick des Staunens („Das hab ich jetzt aber so nicht erwartet") kann ein Dialog zustande kommen, es können sich Gleichgesinnte finden und man setzt sich mit dir als Persönlichkeit intensiver auseinander denn je.

Raus aus der Norm(alität)

Es geht um das Abweichen von der Norm, ohne dich selbst künstlich zu ins-zenieren. Professor Werner Gaede listet in seinem Buch „Abweichen von der Norm" unzählige Thesen und Beispiele für Regelbruch im Business auf. Er geht dabei der Frage auf den Grund, was die Abweichung so attraktiv macht. Gaedes These dazu lautet: Alle Abweichungen sind nach einem gemeinsamen Prinzip gestaltet. Sie alle verstoßen bewusst gegen eine allgemein anerkannte Regel, verfremden bekannte Muster, sind fehlerhaft oder durchbrechen Erwartungen.

Oscar Wilde sagte: „Sei du selbst, alle anderen sind schon vergeben!"

Wenn du an Arnold Schwarzenegger denkst, dann siehst du, was du mit Anderssein erreichen kannst. Am Beginn seiner Karriere hat man sich über ihn lustig gemacht: Er war anders. Sein Körperbau, sein Akzent, seine Story. Für die Agenten war er eine Lachnummer – bis er es aufgrund seiner Erfolge nicht mehr war. All das, was ihn anders machte, hat ihn unverwechselbar gemacht. Auch deine Geschichte besteht aus Ecken, Kanten, Erfahrungen. Nutze sie zu deinem Vorteil! Denn diese Ecken und Kanten sind es, die dich unverwechselbar und einzigartig machen!

Menschen mit einer neuen Idee gelten so lange als Spinner, bis sich eine Sache durchgesetzt hat.

Mark Twain, Autor

Die Angst vor Verlust

Wenn du auf etwas zugehst, gehst du gleichzeitig von etwas anderem weg. Wenn eines deiner Etappenziele deines Plan A ist, einen Marathon zu laufen, tritt das Sitzen auf der Couch und vor dem Fernseher in den Hintergrund. Wenn dein Plan A beinhaltet, dich weiterzubilden, im Job weiterzukommen, werden sich Prioritäten in deinem Leben verschieben müssen. Umfasst dein Plan A Erfolg mit x zu haben, verändert sich zwangsläufig der Stellenwert von y. Das Einzige, was dich weiterbringen kann, ist das Loslassen des Alten, um weitergehen und etwas Neues entstehen lassen zu können.

Loslassen

An alten Ansichten festzuhalten, birgt die Gefahr, dass du von überholten Glaubenssätzen übermannt wirst und sie, ob ihrer Übermächtigkeit, nicht mehr realistisch bewerten kannst – sie bringen dich von deinem Plan A ab. Doch Loslassen beginnt bei so alltäglichen Dingen wie dem Ausmisten deiner Wohnung. Das sagt auch Marie Kondo, die vom TIME Magazine zu den 100 einflussreichsten Menschen der Welt ernannt wurde und als Bestseller-Autorin und Aufräumexpertin international erfolgreich ist. Auch wenn es schräg klingt: Eine saubere und nicht überfüllte Wohnung kann dir einen unglaublichen Kick geben, wenn es darum geht, deinen Plan A zu verwirklichen. Der Zauberbegriff dafür stammt aus der Psychologie und lautet „emotionale Entkoppelung".

Manchmal hängen zu viele Emotionen, nicht erreichte Ziele, Träume und Zukunftspläne an gewissen Gegenständen.

Der eine ist vielleicht ein Geschenk deiner Eltern, das einen starken symbolischen Wert für dich hat.

Der andere erinnert dich an etwas, das du vermisst, an einen verlorenen oder begrabenen Traum.

In der Ecke verstaubt unter Umständen dein Stapel ungelesener Bücher und du bedauerst, keine Zeit (mehr) dafür zu haben.

Der alte Globus ist für manche von uns mit Fernweh verbunden, das wir viel zu selten stillen.

Auch das uralte Mountainbike, auf dessen Lenker sich schon der Flugrost gesammelt hat, kann uns behindern.

Viele dieser Dinge belasten uns emotional – auch wenn uns das oft gar nicht so bewusst ist. Wir fühlen nur diese Enge, diese Leere in uns, wenn wir sie ansehen. Ein Unbehagen. Einen Drang nach ... ja, wonach eigentlich? Fragen wir uns also:

Wie viel Freude haben wir mit den Gegenständen wirklich? Bringen sie uns beruflich oder privat weiter?

Das Loslassen in unserer Gesellschaft

Unsere menschliche Entwicklung ist eine sich ständig wiederholende Reise zu Neuem. Sie ist anstrengend, denn wir müssen dabei immer wieder auf Wichtiges verzichten oder schmerzhaft lernen, dieses Loslassen zu trainieren. Wer also glaubt, mit einer guten Ausbildung oder der ersten tollen Referenz seines Unternehmens, mit dem großen Namen des Studiums würde sich die Zukunft sichern lassen, wird ganz schnell von der Realität überholt werden. Die Welt hat sich schon weitergedreht und wer glaubt, dass die Größe seiner Firma, die Stärke der Marke, die Präsenz der Produkte heutzutage noch absolute Sicherheit geben, wird ebenso schnell merken, dass sich die Welt gerade dann noch etwas schneller drehen wird. Gerade hier ist das Loslassen eine Königsdisziplin für Mensch und Unternehmen.

Doch die einzige Konstante ist eben der Mensch selbst. Also du! Und darin muss dein Urvertrauen liegen. Erst darin kann so etwas wie Selbstverantwortung entstehen, die in dir den Drang zur Weiterentwicklung und damit die Bereitschaft zum Loslassen wecken können. Wenn du es verstehst, die Zeiten der Veränderung als Chance zu sehen, wirst du auch die Bereitschaft entwickeln, loslassen zu können und dich damit an die so rasch veränderten sozialen Strukturen und an permanent verändernde Märkte und Lebenssituationen anzupassen.

Lotti Meier – eine Inspiration fürs Loslassen

Es gab in meinem Leben schon viele Menschen, die mich begeistert und inspiriert haben. Aber nur wenige, die den Mut und ihren Plan A gefunden haben und dabei so sehr loslassen mussten wie Lotti Meier. Ich war auf einer meiner Lapplandreisen in Schweden einige Wochen auch bei ihr zu Gast und durfte in Ihrem Huskycamp etwas südlich von Kiruna mitarbeiten. Sie erzählte mir, dass sie durchaus erfolgreich als Modedesignerin tätig gewesen war. Sie hatte alles: einen gutdotierten Job, eine schöne Wohnung, ein Ferienhaus in den Schweizer Bergen. Aber richtig glücklich machte sie das schon seit Längerem nicht mehr. Sie war damals vierzig Jahre alt, fühlte sich lustlos und müde, als sie spontan eine Hundeschlittentour in Lappland buchte. Dort verband sich ihr Herz zuerst mit der endlosen Landschaft und dem puren Abenteuer dieses Landes sowie mit den treuen und starken Huskys und später auch mit einem Mann. Für diesen Traum, in der Stille und Abgeschiedenheit des hohen Nordens zu leben, hat sie zu Hause alles aufgegeben.

Den Mut, alle Zelte abzubrechen für einen neuen Plan A ist das, was mich an Lotti Meier so inspiriert. Wobei generell die Motive einer Auswanderung genau zu hinterfragen sind. Die meisten „Auswanderer“ gehen nicht ins Ausland, weil sie dort ihr Glück finden wollen, sondern weil es zu Hause so schlecht ist.

Das ist aber schlichtweg eine feige Fluchtaktion und hat nichts mit dem Plan A zu tun. „Weg von" ist kein guter Grund, um die Zelte abzubrechen.

Dies gilt nicht für Lotti: Sie entwickelte aus Liebe zu dem Land, den Hunden und ihrem damaligen Mann einen so starken Plan A für sich, dass sie nach wie vor glücklich dieses neue Leben lebt.

Wir haben bis zu 15.000 Gegenstände im eigenen Haushalt ...

... und es ist schwierig, sich von irgendetwas zu trennen. Gerade deswegen sollte diese Trennung auch achtsam und bewusst geschehen. Oft kommen beim Loslassen dieser längst verjährten Dinge tiefgehende, schmerzliche Gefühle an die Oberfläche. Loslassen solltest du manche Dinge auf jeden Fall, denn sie binden deine Energie. Sobald du das Mountainbike ansiehst, denkt zumindest ein kleiner Teil deines Unterbewusstseins daran, dass du doch wieder einmal aufsteigen solltest – auch wenn deine letzte Ausfahrt vielleicht schon zehn Jahre her ist. Unser Unterbewusstsein ist das Steuerrad unserer Handlungen. Diese Datenautobahn unseres Gehirns nimmt mehr als 50 Millionen Bit/Sekunde auf. Wobei unser Bewusstsein gerade mal 50 Bit verdauen kann. Und diese Autobahnen sind rasch verstopft.

Wir verbrennen also unnötig Energie mit uns umgebenden Dingen, die uns immer wieder auf Plan B bringen. Wenn viele solcher kleinen Teile – von schlechtem Gewissen, Unruhe, einer undefinierbaren und möglicherweise längst verjährten Sehnsucht – zusammenkommen, dann kann schnell ein großer Teil von dir lahmgelegt sein.

Minimalismus hat also seinen Reiz. Dieses bewusste Verzichten stellt eine Gegenbewegung zum Konsumwahn und Materialismus dar. Ein minimalistischeres Leben kann die Lösung sein, wenn materielle Besitztümer uns auf den Magen schlagen. Denn wer viel besitzt, ist besessen.

Lagerhaltung statt Ausmisten

Leider ist das Geheimnis des Loslassens immer noch gut gehütet. Stattdessen bezahlen immer mehr Menschen sogar schon eine monatliche Gebühr, um ihre Umzugskartons zwischenzulagern, die sowieso nie verwendete Skiausrüstung zu verstauen oder einfach das Problem vom Dachboden in den kostenpflichtigen Stauraum zu verfrachten. Nach dem Prinzip „aus den Augen – aus dem Sinn" zahlt man lieber, anstatt loszulassen.

Der Erfolg der Einlagerungsbranche macht deutlich, warum viele nicht auf die Erfolgsspur ihres Plan A abbiegen können: Wir tun uns schwer damit, Entscheidungen zu fällen und Dinge loszuwerden, die wir eigentlich nicht benötigen. Also vertagen wir die Entscheidung, lagern unseren Müll ein und bezahlen dafür auch noch – und nicht mal zu wenig.

Scheinbare Sicherheit

Nur die wenigsten von uns haben schon einmal eine Hungersnot erlebt, waren kurz davor zu erfrieren oder hatten Angst, nicht zu überleben, weil es zu wenig WC-Papier gab – auch wenn Letzteres in der Vergangenheit offenbar die große Angst vieler Menschen war.

Dennoch verhalten sich viele so, als würde eines Tages eine solche Katastrophe eintreten. Der Grund für dieses Verhalten liegt darin, dass uns der Besitz von Dingen in Sicherheit wiegt und uns schon ihr potenzieller Verlust Angst einjagt. Das Bedürfnis nach Sicherheit ist einer der Hauptantriebe des menschlichen Verhaltens. Aber allein dieses Wort „Verlust" verursacht Übelkeit im Stimmungsklima der vergnügungssüchtigen Gesellschaft. Wir pendeln zwischen zwei Welten. Man könnte es einfach Selbstbetrug nennen, aber die Forschung hat für das Bestreben, solche unangenehmen Situationen auflösen zu wollen, einen schöneren Begriff gefunden: kognitive Dissonanz.

Zum einen wollen wir immer alles, am besten zur gleichen Zeit und sofort. („das wäre ja schön, wenn auch noch..."). Oder aber man wehrt sich gegen den Verlust, indem die Seite, die man nicht loslassen will, abgewertet wird.

Getreu dem Motto: „Das wäre sowieso nix", „Wer weiß, ob das überhaupt was gewesen wäre". Eine scheinbare Sicherheit und Unzufriedenheit mit dem Gewählten ist das Ergebnis. Aber das Schöne an der eigens erschaffenen Wahrheit ist ja ihre Flexibilität und scheinbare Sicherheit, die sie uns geben kann. Das wusste schon Äsop, der um 600 v. Chr. im antiken Griechenland lebte und als Begründer der europäischen Fabeldichtung gilt.

In „Der Fuchs und die Trauben" lässt er den kleinen Fuchs, der trotz seiner Mühen die Trauben am Weinstock nicht erreichen kann, weil sie zu hoch hängen, sagen „Sie sind mir eh zu sauer", um anschließend erhobenen Hauptes weiter zu spazieren. Menschen streben also danach, diese inneren Widersprüche schnellstmöglich miteinander in Einklang zu bringen und verlassen sich dabei auf scheinbare Sicherheiten.

Loslassen – oder festhalten? Die Geschichte eines Abenteuers

Auf einer meiner ersten Reisen in den Norden war ich allein mit dem Rucksack unterwegs. Drei Wochen ging es ins schwedische Lappland. Im Dezember. Finsternis von 16-12 Uhr.

Ein unglaubliches Abenteuer, auf das ich mich bestmöglich vorbereiten wollte. Schließlich kann es passieren, dass du drei oder vier Tage lang nur Schnee und ein paar Rentiere siehst, aber keine Menschen.

„Vorbereiten" hieß für mich damals, auf alle Eventualitäten Rücksicht zu nehmen. Dementsprechend packte ich für meinen Probemarsch zu Hause.

Doch schon nach zehn Kilometern verlor ich den Mut, die Freude und die Hoffnung, dass ich die Tour jemals schaffen würde. Mein Rucksack war hoffnungslos überladen, meine Füße schmerzten in den schweren Winterstiefeln!

Leicht genervt war ich kurz davor, alles hinzuschmeißen.

In meiner Verzweiflung und meinem Frust fiel mir schließlich ein Spruch ein, den ich immer wieder von befreundeten Bergsteigern gehört habe. Nun verstand ich ihn erstmals wirklich. „Wer ein Biwak einpackt, braucht es auch!" Ich machte also einen Schnitt, wägte ab, was ich wirklich zum „Überleben" brauchte und sortierte gnadenlos aus. Ich trennte mich von Zusatzkleidung, Notfallpackungen und Schnickschnack. Ich fühlte mich unglaublich befreit – nicht nur im Kopf, sondern vor allem auch rein gewichtsmäßig. Mit nunmehr zwölf Kilogramm Gepäck (Zelt und Schlafsack eingerechnet) startete ich in mein Abenteuer. Und trotz Gebirgen, 20 Grad minus und fehlender Sicht war die Freude am Wandern während der gesamten drei Wochen ungebrochen.

Und siehe da: Ich habe überlebt! Auch wenn meinen Freunden zu Hause bei meiner Rückkehr mein etwas strengerer Geruch aufgefallen ist – das Duschgel war ebenfalls auf der Strecke geblieben bzw. wurde gar nicht erst eingepackt.

Hakuna Matata

Bevor wir uns an eine Technik wagen, die das Loslassen ermöglicht, erinnern wir uns zurück an den Walt Disney-Klassiker „Der König der Löwen". Ursprünglich stammt der Spruch „Hakuna Matata" aus der afrikanischen Sprache Swahili und heißt wörtlich übersetzt: „Es gibt keine Probleme/Schwierigkeiten". Im Italienischen würde man sagen „é cosi". Es ist, wie es ist. Bevor wir uns also an das Loslassen wagen können, gilt es erstmal den Tatsachen in die Augen zu blicken. Die Tatsachen so zu akzeptieren, wie sie sind.

Es is wia´s is

Du wirst wieder einverstanden sein mit deinem Leben, egal welche Umstände du vorfindest, wenn du akzeptierst, was gerade in deinem Leben zu viel oder zu wenig ist. Akzeptanz der Tatsachen bedeutet ein klares „Ja" zum Leben, so wie es aktuell bei dir ist. Um ins Loslassen zu kommen, müssen wir also erst einmal Akzeptanz lernen. Uns selbst und den anderen gegenüber. Du kannst das Rad der Zeit nicht drehen. Und Widerstand löst sich nur durch Akzeptanz.

Du kannst gegen die größten Idioten kämpfen, dich über Kopfschmerzen ärgern und darauf Energie verschwenden. Aber je mehr du daran denkst, desto unangenehmer wird es. Akzeptanz der Tatsache bedeutet, das zu beschreiben, was du gerade vorfindest.

Wenn du Kopfschmerzen hast, beschreibe sie sachlich, neutral. Akzeptiere, dass du sie in diesem Moment hast, aber jammere nicht herum. Akzeptanz ist eine Art Leerlauf, aber noch lange kein Vorwärts. Widerstand jedoch ist stets ein Rückwärts. Gegenwind wird stärker, je mehr du ihm entgegen strampelst.

Zur Erinnerung: Du findest im Anhang einen QR-Code mit dem Link zu meiner Webseite. Dort kannst du dir diverse zusätzliche Ressourcen downloaden, die dich bei der Suche nach deinem Plan A unterstützen.

Die Lösung: Release

Die Release-Technik kann dabei helfen, das emotionale Festhalten an alten Gegenständen oder hinderlichen Glaubenssätzen, die uns vom Plan A abhalten, Stück für Stück zu überwinden und dabei entscheidungsfreudiger zu werden. Im Release-Vorgang geht jedem Glaubenssatz oder Gegenstand, der „entsorgt" werden soll, eine konkrete Entscheidung, also ein persönliches Commitment voraus, sich davon zu trennen. Am besten machst du das gemeinsam mit einer vertrauten Person.

Anfangs kann dieser Prozess ziemlich schwerfallen, aber mit jeder getroffenen Entscheidung wird die nächste einfacher. Und irgendwann beginnt es, richtig Spaß zu machen, sich von eigentlich unnötigen Glaubenssätzen oder Dingen zu trennen, anstatt sie jahrelang im Dachboden unseres Gehirns einzulagern.

Das Loslassen hat einen positiven Nebeneffekt: Wenn du lernst, in einem Bereich entscheidungsfreudiger zu werden, kannst du auch in anderen Lebenssituationen von dieser Stärke profitieren. Du lernst, dein Leben in die eigene Hand zu nehmen und dich von der Meinung anderer, privaten Verpflichtungen oder äußeren Umständen unabhängiger zu machen.

IKEA und Co. machen es vor

Auf dem Markt gibt es immer mehr Unternehmen und Persönlichkeiten, die das Reduzieren auf das Wesentliche zu einer wahren Meisterschaft getrieben haben – und damit höchst erfolgreich sind. Prominente Beispiele:

» IKEA hat auf Service beim Möbelverkauf verzichtet oder es zumindest drastisch reduziert

» McDonald's setzt (fast) völlig auf Selbstbedienung

» Mrs Sporty verzichtet komplett auf Männer

» Bei Media Markt verzichtet man auf Dekoration

» Albert Einstein entsagte dem Tragen von Socken

» Einer der ersten im deutschsprachigen Raum, der durch Weglassen aufgefallen ist, war übrigens vor vielen Jahren Hofer/Aldi, deren Filialen sogar durch Weglassen von Regalen auffielen

» New Work-Vorreiter wie Lasse Rheingans oder eMagnetix, bei denen fünf Stunden am Tag oder 30 Stunden in der Woche genug sind. Sie verzichten auf Arbeitszeit.

» JeanPhilippe Hagmann, ein Schweizer Autor, verzichtete in einem seiner Bücher auf die männliche Form. Er schrieb nur in der weiblichen Form.

Was bist du bereit zu opfern?

Das Wort „Opfer“ hat für viele von uns einen negativen Beigeschmack. Große Kulturen bereiteten Opfergaben, um Ihre Götter zu besänftigen. Die Inkas opferten Menschen, ja sogar Kinder. Auch im hohen Norden zelebrierte man Opfergaben.

Im schwedischen Uppsala wurde ich auf die Geschichten der Wikinger aufmerksam. Angeblich wurde in dieser Kultur alle neun Jahre ein großer Opferkult zelebriert. Dabei sollen neun männliche Lebewesen geopfert worden sein – auch Menschen. Wie genau diese Überlieferungen im Detail stimmen, darüber rätseln Wissenschaftler, aber im Kern sind sie sich einig, dass sie stimmen. Und da die regionalen Herrscher der damaligen Zeit meist gleichzeitig Großbauern und Kultvorsteher waren, hatten sie dafür zu sorgen, dass mit Opfergaben der Kreislauf der Natur am Laufen gehalten wird. Einige Urvölker hatten auch die Gewohnheit, ihre Anführer bei Pandemien zu opfern, um die Götter wieder zu beruhigen.

Kein Wunder also, dass wir mit dem Begriff „opfern“ keine richtige Freude haben.

Und doch kann es durchaus etwas Positives sein, zu opfern. Für manche Menschen, die ich kenne, war es die beste Entscheidung, ein Lotterleben zu „opfern“, um mit der Frau oder dem Mann ihrer Träume zusammen zu sein. Manche „opfern“ ihre falschen Freunde, die der angestrebten Karriere nicht guttun. Oder die Karriere selbst, weil sie sie nicht glücklich macht.

Wenn du deinen Plan A kennst, kristallisiert sich auch für dich heraus, was du „opfern“ solltest und worauf du gut und gerne verzichten kannst, um deinen Plan weiter verfolgen zu können.

Loslassen, die letzte

Ich habe dir in diesem Buch viel übers Loslassen erzählt – und auch ich musste wieder einmal lernen, dass weniger oft mehr ist. Das Rohmanuskript dieses Buches umfasst über 100 DIN A4-Seiten. Das sind mit ein bisschen Grafik und einer vernünftigen Schrift ca. 300 Buchseiten.

300 Seiten – und jeden Satz, den ich niedergeschrieben habe, liebe ich. Dennoch war es nötig, einiges wegzulassen. In deinem Sinne und auch im Sinne des Buches. Damit dein Lesefluss gewährleistet ist, damit jedes Wort seinen Platz hat und vor allem damit das Buch den Zweck erfüllt, für den es geschaffen wurde: Es soll dich auf einfache Weise dabei unterstützen, deinen eigenen Plan A zu finden und ihn ins Rollen zu bringen.

Also, leg los und mach dich selbst stolz! Denn nur darauf kommt es an!

Veränderung, einmal locker gesehen

Grundsätzliches zum Thema Veränderung

Wenn du glaubst, durch eine rein äußerliche Veränderung deiner Umstände am Arbeitsplatz etwas zu finden, was du nicht tief in dir selbst trägst, kommst du immer weiter weg von dir selbst. Kein Chef, keine Firma, kein Kunde der Welt ist da, um dich glücklich zu machen. Also vergiss nicht, dass einzig und allein du selbst die Verantwortung dafür trägst, glücklich zu sein! Und doch lehrt uns der Blick in fast alle Bereiche des Lebens: Selbst unter den ungünstigsten Umständen sind einige Menschen im Außen scheinbar erfolgreicher als andere – trotz ähnlicher Rahmenbedingungen. Diese Umstände sind jedoch niemals Ursache für bestimmte Veränderungen. Sie erzwingen nichts. Vielmehr wählst du selbst deine Art der Antwort darauf. Und dafür bist nur du selbst verantwortlich, nichts und niemand sonst.

Du kannst natürlich auch die Arbeit, die du aktuell hast, zur richtigen für dich machen. Wenn mir das nur jemand vor 20 Jahren gesagt hätte! Ich wäre so dankbar dafür gewesen! Wie schon mehrmals erwähnt, bereue ich keinen Abschnitt meiner Vergangenheit, denn sonst gäbe es für mich die Gegenwart, so wie sie aktuell ist, nicht. Doch in diesen Momenten des Suchens war mein Blick noch lange nicht so klar wie heute. Ich lebte in einem Dauerreiz des Suchens, hatte immer das Gefühl, etwas versäumt zu haben. In dieser Zeit war stets das Gefühl präsent, mein Leben würde immer woanders stattfinden. So, als wäre ich immer am falschen Flughafen – zumindest beruflich. Suchen war meine gelebte Einstellung.

Leider nicht das Finden.

Wer so denkt, wird selbst den großartigsten Beruf der Welt bestenfalls für den zweitbesten halten. Daher wirst auch du mit dieser Einstellung weiterreisen – egal, wo du gerade bist – und die erhoffte positive Veränderung weiterhin nur im Außen suchen. Das sind genau die B-Pläne, denen du so oft unbewusst nachläufst.

Die wahre Reise der Veränderung beginnt aber bei dir. In dir!

Auch Firmen suchen nach Wegen der Veränderung

Auch in Unternehmen verändert sich alles rasend schnell. Es geht im wahrsten Sinn ums nackte Überleben. Der strukturierte Wandel, also tiefgreifende Veränderungen in den Köpfen und im Handeln, werden aber leider zu selten wirklich dauerhaft konsequent umgesetzt.

Viel zu oft sind die Antreiber des Wandels erlebte Krisen, die dich als Mitarbeiter oftmals nur streifen. Warum sollst du dich auch bewegen, wenn morgen das Haus noch steht? Und selbst, wenn die Nadelstiche einer Krise bis zu dir durchdringen, so werden doch nur vereinzelte Impulse gesetzt oder an Schräubchen gedreht, die weder dich noch das Unternehmen wirklich nachhaltig verändern können. Wenn du deinen Plan A in deinem aktuellen Unternehmen zu finden hoffst, dann entkopple das Finden im ersten Schritt von einer Belohnung. Du bist kein Schatzsucher auf dem offenen Meer. Denn wenn eine erhoffte Belohnung für eine angestrebte Veränderung eine Rolle spielt, kannst du dich verabschieden von deinem Plan A. Er wird nicht die wahre Fundgrube sein. Motivation und Commitment entstehen aus gegenseitigem Respekt und der Harmonie zweier – oder mehrerer – Menschen, die zusammen etwas leisten wollen. Und damit werden auch Belohnungen obsolet.

Wie das Reisen verändern kann

Auch wenn das Reisen mit dem Flugzeug effizienter sein mag – das langsame Reisen verändert die Art und Weise, wie dein Verstand die Welt interpretiert. Damit meine ich nicht vier Tage Ballermann-Halligalli, den Cluburlaub am Meer oder drei Wochen auf einem Kreuzfahrtschiff.

Travel doesn't merely broaden the mind.
It makes the mind.

Bruce Chatwin, britischer Reiseschriftsteller

Diese Erkenntnis von Bruce Chatwin begleitet mich seit meiner ersten Interrail-Tour im Jahr 2004. Ich hatte keine Ahnung – weder vom Reisen noch vom Leben. Ich wollte einfach drei Wochen raus und etwas erleben. Der Drang nach Abenteuer ist übrigens auch heute noch einer der Werte, die meinen Plan A beschreiben.

Ich war mit Rucksack und Zugticket bestückt und freute mich darauf, in Städten und Dörfern zu wandern und die bereisten Länder wirklich zu entdecken. Kein Flugzeug, kein Auto, Taxi oder Bus, schon gar keine Hop-on-hop-off-Touren – die sind das Letzte für mich, denn dabei wirst du im wahrsten Sinn des Wortes verschaukelt.

Und auch mit dem Zug fuhr ich nur jeweils zu den Hauptstationen. Natürlich, mit dem Flugzeug kommst du schneller von A nach B. Vielleicht auch effizienter und manchmal praktischer. Aber es ist nutzlos, wenn es darum geht, ein Gefühl für das Land oder die Stadt zu bekommen. Genau diese bewussten Momente der Langsamkeit beim Wandern schleudern unser Gehirn aus dem Kettenkarussell des Alltags und wirken auf uns wie Streicheleinheiten. Alles andere wären lediglich Momentaufnahmen von verschiedenen Orten, die keine Verbindung zueinander haben. Ein Durcheinander an Postkartenmotiven ohne Emotion.
Diese Langsamkeit des Reisens kann schon vor der eigenen Haustür beginnen. Einfach mal zu Fuß gehen. Von der Haustür weg raus aus der Stadt oder direkt durch den Wald. Die Ruhe, die wir darin finden, lässt das Chaos der Datenautobahn in unserem Gehirn verstummen. Es finden bereits verloren geglaubte Synapsen wieder zusammen und ermöglichen den Blick auf Pläne, die dich wirklich tief im Inneren antreiben.
Denn das, was als Erinnerung einer Reise immer hängen bleibt, sind die Gefühle und Emotionen, die du dabei hattest, und die Erkenntnisse, die du in den ruhigen Momenten mitgenommen hast. Die Qualität jeder Minute beim langsamen Reisen ist unvergleichbar größer.

So genau ich mich an viele meiner Reisen erinnern kann, so schwer tue ich mir dabei, die Gefühle, die ich damit verbinde, in Worte zu fassen. Ich stand im polaren Winter auf einem zugefrorenen See in völliger Dunkelheit mitten im finnischen Lappland und hörte nichts, weder Wind noch die schlafenden Huskys meines Gespanns und schon gar keinen Lärm von Städten oder Dörfern. Diese waren zig Kilometer entfernt. Das Einzige, was ich sah, war ein so klarer Sternenhimmel, wie ich ihn seitdem nicht mal in der Wüste Jordaniens gesehen habe und die „tanzenden Lichter“, die Nordlichter. Das Einzige, was ich in diesem Moment hörte, war mein eigener Herzschlag. Und so sehr du dich hier vielleicht einfühlen kannst, ich kann nicht wirklich erklären, was da in meinem Kopf vorging. Dazu fehlen mir schlichtweg die Worte. Ich war den Tränen nahe. Ich war in diesem Moment so weit weg und doch völlig bei mir.

Das ist auch der Grund, warum Bilder vom Urlaub deiner Freunde oftmals so ermüdend sind. Fotos werden niemals die Emotionen übertragen oder wiedergeben können, die damit verbunden sind. Die wirklich relevanten Reisebilder können wir nicht in Fotos festhalten. Der Versuch, diese Momente in einen Rahmen zu pressen, gleicht dem Versuch, eine Parkbank wieder in einen Baum zurückverwandeln zu wollen. Mit Glück wird das Foto ein Kunstwerk, doch auch Kunst versteht nicht jeder. Und ein Kunstwerk hat nichts mit der Magie der Realität zu tun.

Langsameres Reisen schärft also die Sinne für den Alltag. Wir werden aufmerksamer für die kleinen Dinge in unserem Umfeld. Es erhöht die Qualität des Moments auch im Alltag wieder und gibt uns Zeit zum Nachdenken über die wirklich wichtigen Dinge im Leben. Damit aktivieren wir unser Bewusstsein, wenn wir unseren vorhersehbaren Alltag verlassen. Und unser Unterbewusstsein, das im Alltagstrott Vorrang hat, wird ruhiger. Damit ist der Weg frei für die Kreativität, deinen Plan A zu finden, oder deine B-Pläne zu überdenken.

Veränderung auf Rezept...

...gibt es nicht. Wenn du ein fremdländisches Kochrezept kennenlernst und zu Hause nachkochen möchtest, dann soll daraus ein kulinarisches Meisterwerk für deine Freunde werden. Dabei sollen dieselben Geschmäcker, Emotionen und Bilder im Kopf entstehen, wie du sie in deinem Urlaub erlebt hast.

Leider haben deine Freunde aber keine Ahnung, wie es schmecken oder sich anfühlen soll und auch das, was du gekocht hast, ähnelt der vorhin erwähnten Fotografie. Du wirst niemals den Prozess so verstanden haben, der dazu führt, aus den Zutaten ein wahres Meisterwerk mit deinen eigenen Händen zu formen. Was fehlt, sind die Emotionen, Überlegungen und die Leidenschaft derjenigen, die dieses Rezept kreiert haben. Du hast eine Abkürzung genommen. Statt sich auf diesen langen Prozess des Entstehens einzulassen, wollen wir mit schnellen Rezepten auch schnelle Erfolge erzielen. Diese Illusion möchte ich dir nehmen.

Es gibt keine Abkürzung im Spiel des Lebens und Rezepte sollen dich nur dazu inspirieren, das Erschaffen selbst zu erleben. Aus diesen Erfahrungen kann dein wirklicher Plan A entstehen.

Das ist wie mit einem Reiseführer, an den du dich strikt hältst und am Ende nicht weißt, warum das Gericht nicht genauso gut schmeckt wie vor Ort, oder das eigentliche Highlight der Reise bei dir nur einen fahlen Eindruck hinterlässt. Getreu dem Motto: „Gut, wir waren auch da."

Mit einem Rezept lernen wir nichts und beschäftigen uns nicht richtig mit unserem eigenen Zugang. Wir betrachten ausschließlich nur das Rezept von allen Seiten, nicht aber den kreativen Prozess, der beim Entstehen passiert. Wir überprüfen nur, warum das Rezept manchmal besser, manchmal schlechter schmeckt. Das ist es auch, was das Geschäft der Coaching-Branche so gefährlich macht. Es wird versprochen, noch schneller, viel schneller, enorm schnell ans Ziel zu kommen. Aber wie schon mehrfach erwähnt: Nicht das Ziel ist das Ziel, sondern das Entdecken dieser Reise. Versteh mich nicht falsch! Es ist völlig okay, einen Reiseführer/Mentor zu haben, der dir „Kochrezepte" zeigt. Nur, zu welchem Zweck setzt du ihn ein? Ein Reiseführer sollte dir nicht sagen, was du zu tun hast, wohin du gehen oder was du vermeiden sollst.

Du kennst diesen Satz vom Beginn des Buchs: Ein Reiseführer soll deine Reise zum Leben erwecken. Denn die Erfahrungen beim selbst Kochen sind die, die dich wirklich weiterbringen.

Warum fällt uns Veränderung so schwer?

Warum ist es so schwer, statt zur Schokolade zum Apfel zu greifen, ein gutes Buch der nächsten Netflix-Serie vorzuziehen oder seinen Hintern zu bewegen, statt auf der Couch zu verrotten?

Weil der Energieaufwand im Gehirn, aber auch im Außen dafür sehr groß ist. Und unsere Reserven bewahren wir lieber für echte Notfälle auf, wie wir es seit 70.000 Jahren tun. Unser Gehirn möchte uns also vor unnötigem Energieverlust schützen. Dazu ist jedoch jede Schublade mit Vorurteilen bestückt, denn alles, was wir schon einmal gedacht und damit griffbereit haben, brauchen wir nicht mehr mit Energieaufwand neu zu denken. Was dabei herauskommt, kannst du dir denken: Wir drehen uns im Kreis. Deshalb ist es umso wichtiger, dich in Trainings und Veränderungsprozessen von deinem bisherigen Denken zu befreien.

Kein Mensch will sich verändern. Veränderung kostet Energie, denn jeder neue Umstand hat Folgen. In der Geschichte mussten Völker umziehen, weil die Dürre ins Land zog. Wenn neue Völker auftauchten, kostete es Energie, weil man sich bekriegte. Wenn der Schulbeginn ins Haus steht, sieht man sich Jahr für Jahr mit neuen Herausforderungen konfrontiert.

Unser Verstand sagt uns: „Vorsicht vor Veränderungen, mein Freund!"

Unser Verstand ist allerdings nur die erste Instanz, wenn es darum geht, eine Veränderung hin zu Plan A in Gang zu setzen. Er hat im Wesentlichen drei Aufgaben:

» Der Verstand ist dazu da, dein Überleben zu sichern und dir dabei zu helfen, gut und sicher durchs Leben zu kommen. Er will, dass es dir gut geht und tut das auf seine Art und Weise.

» Er funktioniert wie ein Gerät mit Aufnahmefunktion. Alles, was du erlebst, wird in Gefühle umgewandelt. Die, die für dich bedrohlich sein können (Schmerz, Leid, Kontrollverlust, ...) bleiben natürlich besser im Gedächtnis. Und er hat die Aufgabe übernommen, dich davor zu schützen. Was uns zum dritten Punkt führt.

» Der Verstand will immer Recht haben. Aber das Ankämpfen dagegen ist manchmal ein Kampf gegen Windmühlen.

Da der Verstand seinen Aufgaben sehr gründlich nachkommt, versucht er, deine Empfindungen zu kontrollieren und in manchen Fällen auch zu unterdrücken, wenn er darin eine Gefahr für dich sieht.

Anhand dessen wird dir wohl klar, warum jegliche Veränderung so verdammt schwer ist. Willst du deinen Job aufgeben, um dich mit einer mutigen Idee selbstständig zu machen, hast aber parallel dazu einen Kredit für dein Eigenheim laufen, wird der Verstand dich mit aller Kraft davon abhalten, über diese „verrückte" Idee nachzudenken, geschweige denn, sie umzusetzen.

„Ich kann doch nicht kündigen, wenn ich noch keinen neuen Job habe!", sagt der Verstand. Gut gemeint von ihm, aber verdammt hinderlich für „Scheiß auf Plan B".

Jeder Durchbruch beginnt...

... mit neuen Fragen. Jede Form von Erklärung, die du anderen oder dir selbst bietest, um einen Plan A zu finden oder Plan B zu vergessen, setzt ausschließlich den Verstand in Gang. Und das ist nicht das Ziel. Kluge Fragen eröffnen Horizonte und können deinem Verstand ein Schnippchen schlagen, um an die Lösung des Problems zu gelangen und nicht nur Symptome zu behandeln. Dein Herz öffnet sich einer Idee ein Stückchen weiter.

„Probleme kann man niemals mit derselben Denkweise lösen, durch die sie entstanden sind." Albert Einstein. Also auch die Art und Weise, wie du Probleme bisher hinterfragt hast, sollte hinterfragt werden.

Beispiel: Du erhältst eine gut dotierte Anfrage eines neuen Kunden. Unsympathische Firma, anstrengendes Projekt, gut honoriert. Neue Aufträge sind gerade Mangelware, geschweige denn, dass du weißt, wie es in Zukunft weitergeht.

Welche Fragen kommen dir wohl in den Sinn?

Standards wie:

„Wie soll ich meine Rechnungen sonst bezahlen?"

„Was, wenn der Auftrag doch nicht der richtige ist?"

„Warum sollte ich nicht einfach absagen?" (im besten Fall)

Arbeite stattdessen doch einmal mit etwas tiefgreifenderen Fragen wie:

„Welche Konsequenzen könnten sich für mich und mein Umfeld ergeben, wenn ich (nicht) annehme?"

„Welche Erfahrungen könnte ich aus dieser Zeit mitnehmen, wenn ich ablehne?"

„Wie passt diese Aufgabe zu meinem bisherigen Tun?"

„Welches Potenzial könnte ich in dieser Zeit sonst nutzen?"

Oberflächliche Veränderung – nur was fürs Ego

Trotz aller Bemühungen scheitern Veränderungsprozesse nicht an den Umständen. Meist steht uns etwas im Weg, das wir Ego nennen. Unser eigenes Ego hält uns von Plan A ab. Das Ego ist das, was zum Vorschein tritt, wenn unser Verstand ums Überleben kämpft. Wir wollen immer höher, schneller, weiter, mehr. Mit Geld etwas kaufen, das man nicht braucht, um Menschen zu imponieren, die man nicht mag. Der klassische Egotrip, weil du Angst hast, etwas nicht zu sein, was andere glauben, das du sein solltest. Willst du dich verändern, willst du deinen Plan A finden und alle anderen Pläne endlich loslassen, musst du vorher dein Ego loslassen!

> Die Geschäftsleitung eines Handwerksbetriebs kam auf mich zu und wir machten mit der kleinen Führungscrew einen Workshop zum Finden und Erarbeiten der neuen Unternehmens- und Führungskultur. In Absprache mit der Geschäftsleitung spielten wir ein etwas perfides Spiel. Die drei Führungskräfte waren nicht eingeweiht. Alles, was ich an Input vorweg bekam, knallte ich gnadenlos auf die Pinnwand. In meiner etwa zehn Minuten dauernden Tirade – und ich wunderte mich, dass sie so lange ausgehalten hatten – hagelte es nur Vorwürfe, was diese drei Menschen vor mir in der Vergangenheit „falsch“ gemacht hatten.
>
> Diese provokante Art war dann doch einem der Teilnehmer (endlich) zu viel. Er stand auf und wollte gehen. Kurz vor der Tür fragte ich ihn, warum er gehen will. „Ich lass mir doch nicht dauernd sagen, was hier nicht funktioniert, darum geh ich!“
>
> Aber nicht er ging, sondern sein Ego. Das war angeknackst. Und darauf angesprochen, weil es um die Art und Weise der Führung dieser Persönlichkeiten ging, drehte er reumütig um. Erst wer sein Ego führen kann, darf andere Menschen führen. Aber wir leben dafür viel zu sehr getrieben von unseren Eitelkeiten.

Auch hier gilt wieder „Fü(h)r dich – fü(h)r andere. Selbsterkenntnis als Basis für moderne Führungskräfte.

Wenn unser Ego angegriffen wird, spüren wir, was Veränderung wirklich bedeuten muss. Jeder Ärger, den wir erleben, entsteht aus dem, was wir glauben zu sein. Also aus unserem Ego. Das, mit dem wir uns identifizieren und was wir glauben zu sein. Es gibt keine Veränderung im Verhalten ohne Veränderung im Denken.

Der Preis ist dein Charakter

Wir brauchen Menschen, die die Welt wieder nach vorne bringen. Aber nicht wenige haben den modernen Begriff des „Personal Branding" mittlerweile derart verinnerlicht, dass sie geradezu als wandelnder Abklatsch von sich selbst daherkommen. Reduziert auf eine von außen an sie herangetragene Erwartung, geschmolzen zu aalglatten Fassaden und damit auf eigenartige Weise lebendig und doch tot. Die Folge daraus ist völlige Selbstaufgabe derer, die wirklich etwas bewegen können.

Aber wir haben alle genug von glitzernden Bildern der Social Media-Scheinwelt, die uns zeigt, wie hässlich wir sind. Wir haben genug vom Streben nach Anerkennung, nur um der Eitelkeit Genüge zu tun. Diese Menschen scheinen nur deshalb so groß, weil sich viele andere kleiner machen. Dieses Mangeldenken ist nicht förderlich für eine agile, lernende und sich weiterentwickelnde Kultur. Weder in Unternehmen noch in deinem Kopf. Die persönliche Identität, das, was uns als Persönlichkeit wirklich ausmachen würde, geht in diesen narzisstischen Egotrips völlig verloren – nur für ein symbolisches Handeln für die Zuschauer. Und damit auch ein wesentlicher Baustein, warum für dich ein Platz auf diesem blauen Planeten reserviert wurde.

Dieser teuer erkaufte Prestigegewinn, den so viele mit Personal Branding und der Arbeit an sich selbst erkauft haben, bezahlen sie mit Verlust an persönlicher Freiheit und Charakter. Wer sich so dermaßen exhibitionistisch aussaugt, nur um den Status des öffentlich vorgelebten Erfolgsstrebens nach Umsätzen, Zielen und noch mehr Zielen gerecht zu werden, wird den Tribut des Lebens bald anders bezahlen.

Diese Art der Selbstentfremdung führt auch zu einer unkontrollierten Entwicklung an Aggressionspotenzialen in unserer Sprache. Damit lässt sich vielerorts die kommunikative Brutalisierung in sozialen Medien und Unternehmen erklären.

Kurz vor dem Zusammenbruch

Es ist also nicht verwunderlich, wenn sich diese selbst ernannten Helden in den Spiegel schauen und nicht mehr erkennen. Persönliche Weiterentwicklung vergleichen sie mit den falschen Parametern. Was leidet, ist der Charakter. Denn stell dir vor, du handelst viele Jahre nach einem Muster und tust viele Jahre Dinge, von denen du innerlich nicht 100-prozentig überzeugt bist, während du auf der anderen Seite das tiefe Verlangen nach einem Verhalten fühlst, das eigentlich wirklich zu dir passt. Was dabei herauskommt, ist ein Charakterpanzer mit innenliegender scharf geschalteter Splittergranate und versperrtem Ausgang. Das Grausame daran: Viele wollen aus diesem Panzer gar nicht mehr ausbrechen und sterben lieber als billige Kopie von sich selbst.

Selbsterkenntnis bricht den Panzer

Die Suche nach der wahren Identität, also der eigenen Persönlichkeit und deinem Plan A, ist für viele eine Reise ins Ungewisse – ein Stochern im Hornissennest. Personal Branding in seiner oberflächlichsten Form ist weitaus angenehmer.

Schön geschriebene Worte zu finden, eine Bilderwelt zu kreieren, die der von außen diktierten Botschaft gerecht wird – das beruhigt unser Ego – aber nicht das Herz.

Doch diese Art der Arbeit an dir selbst ist nach wie vor harte handwerkliche Praxis. Kommunikation mit dir selbst. Das Perfide daran: Der Selbstfindungsprozess wird in diesen Zeiten noch immer als Arbeit für „psychisch Labile" abgetan.

Deshalb vergiss alle Maßnahmen im Personal Branding, solange du nicht den Kern deiner Persönlichkeit in einer Geschichte beschreiben kannst, die einen kleinen Teil dieser Welt nach vorne bringt: Deinen Plan A!

Es geht nicht um die Rolle, die du im Außen spielst. Der qualitativ hochwertigere Schritt für dich ist zuerst die Reise zu dir selbst, um anschließend authentisch und einzigartig nach außen zu gehen. Sonst wird der Durst nach der Suche niemals gestillt sein. An dem Punkt, an dem du anderen Menschen etwas geben kannst, findest du einen der Antriebe für deinen Plan A. Und das ist kein Egotrip – das ist der einzig wahre Weg zur Selbstverwirklichung!

Wo ES war, soll ICH werden.

Umberto Eco, Autor und Philosoph

Wie gelingt dauerhafte Veränderung?

Vielleicht kennst du das Nudge-Konzept. Es geht um kleine Psycho-Hacks, die Veränderung begünstigen. Der Ökonom Richard Thaler hat für dieses Konzept 2017 den Nobelpreis in Wirtschaftswissenschaften bekommen. Die Strategie des Anstupsens funktioniert ausgezeichnet und viele kennen sie:

» Eine aufgemalte Fliege im Pissoir führt zu 80 Prozent größerer Treffsicherheit. Alternativ kann es auch ein Fußballtor sein.

» Oder im Supermarkt: Marktleiter sind sich bewusst, dass freitags Einkäufe für das Wochenende erledigt werden und locken Kunden an diesem Tag mit besonderen Angeboten.

» Die Marketingspezialisten von Fußballclubs und Filmportalen lassen neue Gewohnheiten entstehen: Wir kaufen eine Dauerkarte, um regelmäßig ins Stadion zu gehen oder kaufen das neue Fernseh-Abo, damit wir unsere Lieblingsserie jederzeit schauen können.
Sogar ganze Regierungen haben inzwischen Teams eingerichtet, die Thalers Erkenntnisse in der Politik umsetzen. Denn Unternehmen, die Routinen für ihre Konsumenten entwerfen, sind am Markt erfolgreicher.

Was heißt das nun für dich, wenn du dich persönlich verändern möchtest? Bei dauerhafter Veränderung geht es um wesentlich mehr, als nur beim Pinkeln nicht mehr daneben zu zielen. Erste wissenschaftliche Erkenntnisse wurden von der US-amerikanischen Psychologie-Professorin Angela Duckworth vor wenigen Jahren veröffentlicht und decken sich auch mit meinen persönlichen Erfahrungen zum Thema Veränderung.

Was brauchst du auf dem Weg zur Veränderung?

1. Einen klaren Plan A

Wenn du dich dauerhaft verändern willst, kommst du um diesen Plan A nicht herum. Denn sonst läufst du Gefahr, ein Opfer der Routinen anderer zu werden.

2. Selbsterkenntnis

Erst wenn du deine eigenen Stärken und Schwächen, deinen bisherigen Weg ganz genau verstehen lernst, kannst du Fortschritte machen. Wenn du dir dessen nicht bewusst bist, findet die intrinsische Motivation – also die aus dir selbst entstehende Motivation – keinen Anker. Die Energie zur Veränderung verschwimmt.

3. Freude

Wo du ehrliche Freude findest, bleibt die Energie. Wir erkennen dies meist sogar bewusst, wehren uns aber aufgrund anderer Ängste, etwas zu verändern. Denn Veränderung bedeutet vielfach Loslassen von Gewohntem. Manches davon hast du vielleicht schon gelesen, anderes wird in den weiteren Kapiteln mit Fragen dazu noch beantwortet.

Dauerhafte Veränderung mit dem „multiple impact"

Unser Gehirn muss von mehreren Seiten penetriert werden. Meiner Erfahrung nach sind es mindestens fünf verschiedene Faktoren, die auf uns einwirken müssen, um eine dauerhafte Veränderung herbeizuführen. Wenn du zum Beispiel mit dem Rauchen aufhören willst, kannst du es auf einer Party verlautbaren, dazu ein Nikotinpflaster verwenden, in einen Entwöhnungskurs gehen und dir zudem noch ausrechnen, wie viel du konkret an Geld einsparst, wenn du aufhörst. Als gebündeltes Paket wären das vier Faktoren parallel. Und als wäre das nicht schon schwierig genug, ist es meist trotzdem noch zu wenig. Besser, wenn du fünf bis sechs Faktoren auf dich einprasseln lässt. Am Beispiel des Rauchens kann zum Beispiel dein Umfeld insofern verändert werden, als dass du dich eine Zeit lang nur noch mit Menschen umgibst, die Nichtraucher sind.

Nebenfaktoren einberechnen

Wenn der Kaffee oder der Blick in Social Media interessanter sind als dein Veränderungsprozess, wird es mit dauerhafter Veränderung schwierig.

In Unternehmen arbeite ich an der Vorbereitung größerer Seminarreihen oder Veränderungsprozesse deshalb sehr gerne mit stillen Botschaften.

Für die unterschiedlichen Lern- oder Gruppentypen gibt es eine Unterstützung für das Projekt oder den Plan. Das sind Menschen, die einen positiven Drive auf das Gelingen legen, die lösungsfokussiert denken und konstruktiv unterstützend einwirken. Sie zeigen die zwei Hauptfaktoren für Veränderung innerhalb des Systems auf:

- » Der Schmerz, der verursacht wird, wenn alles so bleibt, wie es ist
- » Die Lust an den Möglichkeiten, die sich dadurch ergeben

Doch im Alltag blockieren uns oft Kleinigkeiten, die unser Gehirn vor Veränderungen schützen wollen. Wir sind schlichtweg blind und taub für alle möglichen Veränderungen rund um uns.

Ein Unternehmen engagierte mich, um seine Servicemitarbeiter zu schulen. Sie sollten lernen, sich beim Kunden noch besser zu präsentieren, um damit als eine wichtige Visitenkarte des Unternehmens wahrgenommen zu werden. In den ersten Phasen stelle ich immer Fragen: Was läuft gut? Was wünschen sich die Kunden? Wie sehen die Mitarbeiter selbst ihre Aufgabe? In diesem geschützten Raum eines Trainings durften sie alles sagen.

Es war ein guter Drive drin, mit dem wir richtig durchstarten konnten. Dann stand plötzlich einer der Mitarbeiter auf und platzte heraus: „Unsere Firmenautos sehen scheiße aus. Wie sollen wir da einen guten Eindruck machen?“ Nach dem ersten Durchatmen fragte ich, wo das Problem liege. „Unsere Aufkleber sind hässlich und blättern schon ab, bei einigen Autos kommt der Rost durch, wir fahren vier verschiedene Automarken. Und das ist nur der Anfang. Wie sollen wir da einen guten Eindruck machen?“ Er war so auf das Problem fokussiert, dass er für Neues absolut nicht offen war. Also nahmen wir das Problem auf, haben den Chef sofort eingebunden und erst nachdem das geregelt war, waren die Mitarbeiter für einen persönlichen Veränderungsprozess zu begeistern. Erst dann waren sie mit Freude bei der Sache.

Oft krankt es nicht einmal an so großen Dingen wie einem rostigen Firmenwagen. Da reicht es schon, wenn für ein Projekt zu höherer Servicezufriedenheit am Telefon ein Mitarbeiter für ein Angebot durch drei Abteilungen gehen muss, um eine einzige Unterschrift zu bekommen. Den werden wir für einen freundlicheren Umgang am Telefon nicht begeistern können, wenn er daran denkt, welcher Rattenschwanz danach noch folgt. So geht es uns auch mit der Veränderung in unserem persönlichen Umfeld. Warum sollst du dich verändern? Was hast du persönlich davon? Erst, wenn das geklärt ist, kann es losgehen.

Haltung hat mit Reife zu tun

Jede veränderte Situation bietet eine Wahlmöglichkeit für unsere Haltung. Stell dir vor, in deinem Unternehmen kommt ein neues Produkt raus. Der Erste wird sagen, dass er keine Lust darauf hat, der Zweite wird sich darüber beklagen, dass man das noch nie gemacht hat und der Dritte wird sich freuen, endlich etwas Neues zu lernen.

Jede dieser Haltungen repräsentiert eine neue Stufe der Bewältigung unserer Wirklichkeit. Mit jeder neuen Stufe, die wir uns erarbeiten und kennenlernen, erweitern wir also unsere Kompetenzen. Diese Haltungen bauen aufeinander auf und reifen bei manchen länger, bei anderen kürzer:

Typ A: „Kenn ich schon!"

In meinen Seminaren treffe ich manchmal Teilnehmer mit der Einstellung „Das kenne ich schon" oder „Das haben wir eh schon probiert".

Damit blockierst du dich wunderbar selbst. Denn wenn du etwas eh schon kennst oder zu kennen glaubst, gibst du ihm gar keine Chance. Diese Einstellung ist nicht ideal, wenn du deinen Plan A verfolgen möchtest. Denn sobald nur der Windhauch dieses Satzes in deinen Gedanken auftaucht, schaltet dein Gehirn auf Durchzug. Außer, du reißt dich bewusst davon los und stellst dir stattdessen die Frage: „Kann ich das?". „Kennen" bedeutet nämlich noch lange nicht „können".

Typ B: „Das kann ich nicht!"

Vielleicht fühlst du dich schnell überfordert und verunsichert. Das ist okay. Es wäre allerdings gut, wenn du im Sinne deines Plans A diese Einstellung nochmals überdenkst. Was hast du denn schon alles umsetzen können, obwohl du dich vorweg dagegen gesträubt hast? Ganz nach dem Credo: „Na gut, machen wir's halt – oh, das ist ja einfacher als gedacht!"Wenn du diesen Gedanken schon mal intus hattest, dann stell dir vor, du würdest es wieder genauso anpacken. Die Erinnerung an diese Widerstände baut aktuelle Widerstände ab.

Ein Beispiel aus dem Sport. Keiner wagte, daran zu denken. Jeder dachte „Das kann ich nicht!“ Die Vorstellung, eine Meile unter vier Minuten zu laufen, war in den 50er-Jahren geradezu lächerlich. Der Brite Roger Bannister brach diesen Rekord als Erster am 6. Mai 1954 auf dem Iffley Road Track der Oxford University mit einer Zeit von 3:59:04 Minuten. Bis dato waren viele der Meinung, dass es einem Menschen nicht möglich ist, so schnell zu laufen.

Typ C: „Ich habe Angst!“

Ja, auch das ist verständlich. Neues macht uns zuerst immer ein wenig Angst oder verlangt uns Respekt ab. „Pfff, ob ich das schaffe?!“ Doch das Neue ist anders betrachtet nur das Gewohnte, das wir noch nicht kennen. Oder das zukünftige „Normal“. Ganz ohne Angst sind wir alle nicht. Doch lass sie im Sinne deines Plans A nicht überhand nehmen. Wenn du ein paar Seiten zurückblätterst, kannst du nochmals über die Angst nachlesen und reflektieren.

Typ D: „Cool, was Neues!“

Wenn du dich auf Neues freust, hast du einen klaren Vorteil. Damit gehörst du zu den Visionären, Motivatoren und Veränderern. Wenn du dich schon daran gemacht hast, ihn im Arbeitsteil auf meiner Webseite herauszuarbeiten, dann liegt dein Plan A klar vor dir und dein Erfolg wartet nur noch darauf, geerntet zu werden. Der QR-Code steht im Anhang dieses Buches.

Wenn du zu den Typen A, B oder C gehörst, keine Sorge! Diesen völlig normalen „Einbruchschutz“ im Gehirn musst du dir selbst im ersten Schritt einmal bewusst machen. Denn in unterschiedlichen Rollen, privat oder beruflich, können auch differenzierte Haltungen entwickelt worden sein. Mit unseren Kindern beispielsweise verhalten wir uns nachsichtig, reif und tolerant. Wir leiten sie an zu einer offenen Fehlerkultur. Wir gehen auf sie ein, fragen, was sie brauchen und finden gemeinsam Zeit, Ressourcen und Ziele. In der Rolle als Führungskraft hingegen verlangen wir, dass die Leute funktionieren müssen. Wir wollen nicht auf jede Befindlichkeit eingehen und verzichten auf empathisches Getue. Erst mit dem Bewusstsein der Rollen können sich Lösungen und Strategien für dich finden.

Improvisation – die Schlüsselfähigkeit zur Veränderung

Struktur-Fetischisten und Perfektionsliebhaber werden gleich aufschreien. Doch was jetzt kommt, soll dich nicht zu verzweifelten Chaostaten anleiten, um deinen Plan A zu finden – oder den Plan B zu vergessen. Vielmehr sollst du es zulassen, die Zügel wieder mal lockerer zu halten, weniger auf Strukturen zu achten und damit deine Neugier und Kreativität wecken sowie deinem Entdeckergeist eine Chance zu geben. Dafür ist es notwendig, dass wir dem Wort „Improvisation" seine positive Bedeutung zurückgeben.

Im Laufe der Zeit hat der Begriff „Improvisation" leider einen fahlen Beigeschmack erhalten. Das Ganze hat etwas von experimentieren, wenig vorbereitet oder durchdacht zu sein, planlos und spontan zu handeln oder noch schlimmer: sich durchzuschummeln.

Was uns vom Improvisieren abhält, ist wieder einmal ...

... die Angst. Genau. Sie lehnt sich dagegen auf, mit weniger Planung und Struktur auszukommen. Wir haben Angst vor Fehlern, vor dem Scheitern und davor, die Kontrolle zu verlieren. Es mag paradox klingen: Die Anforderungen an uns alle steigen, die Zeit läuft schneller, täglich kommt Neues auf uns zu. Viele haben Angst, mit den schnellen und ständigen Veränderungen nicht mehr Schritt halten zu können. Oder sind einfach hoffnungslos überfordert. Genau darum ist es so wichtig, Abstand zu halten und Lockerheit zuzulassen. Vielen Menschen fällt Veränderung auch deshalb so schwer, weil sie einen radikalen Bruch mit lieb gewonnenen Gewohnheiten bedeutet.

Survival of the fittest

Wie schon Darwin feststellte, werden diejenigen „überleben", die sich am schnellsten und besten an neue Gegebenheiten anpassen können. Die Fähigkeit zur Improvisation ist hierfür die Basis. Voraussetzung dafür ist eine gewisse Menge an Wissen, die dir hilft, geistig flexibel zu sein und somit fokussierte Entscheidungen treffen zu können, die der jeweiligen Situation angepasst sind. Fehlt dir das Vertrauen in diese eigenen Fähigkeiten und hast du gleichzeitig Angst vor dem Loslassen, tust du dir ungleich schwerer. Und zwar völlig egal ob im Job, im Leben oder bei der Umsetzung von Plan A.

Text weg – Grammy da!

Ella Fitzgerald, die wohl bekannteste und einflussreichste Frauenstimme des Jazz, zeigte uns eindrucksvoll, was Improvisation bedeutet, und dass sie sie beherrschte wie kaum eine andere.

Im Jahr 1960 gab Ella ein Konzert in Berlin. Das Besondere: Dieses Konzert sollte für ein Live-Album aufgenommen werden. Ausgerechnet live vor Publikum vergaß sie bei „Mack the Knife"[1] aus der Dreigroschenoper plötzlich den Text. Wie hättest du reagiert? Wärst du im Erdboden versunken und aus den Entschuldigungen gar nicht mehr herausgekommen? Das wäre wohl den meisten von uns so ergangen! Ella hingegen reagierte souverän – und improvisierte! Und wie!Sie sang, was ihr gerade spontan einfiel, und gab dabei alles. So mühelos und nahtlos spielte sie mit ihrer Stimme, sprang in den Oktaven, trällerte und sang wieder rauchig hart. Die gesamte Aufnahme war grandios – von Anfang bis Ende. Das beste Stück aber war das, das sie improvisierte. Das Publikum war völlig aus dem Häuschen und es gab sogar Zwischenapplaus und Standing Ovations.

Das Ergebnis dieser Meister-Improvisation: Zwei Grammys – sowohl für das Album als auch für den Song mit dem vergessenen Text.

1 Die Moritat von Mackie Messer ist eine von Bertolt Brecht getextete und von Kurt Weill vertonte Moritat aus dem Theaterstück „Die Dreigroschenoper" aus dem Jahr 1928

Improvisation ist kein Talent

Ich war in meinen ersten Jahren der Selbstständigkeit als Kommunikationstrainer und Moderator auf großen Bühnen unterwegs. Als Moderator hast du einen Plan A: unterhalten und informieren! Du bist also zu 100 Prozent beim Job – ein Versprecher bei einem Gala-Dinner kann schlampig wirken, der falsch ausgesprochene Name eines prominenten Athleten vermittelt den Zusehern, dass sie sich besser auskennen als du. Wenn du als Moderator arbeitest, gibt es während des Jobs keinen Plan B, weil all deine Konzentration auf dem Tun liegen muss. Ablenkungen gibt es allerdings immer wieder. Mal fällt ein Sportler aus dem Rennen, mal fällt eine Lampe um, mal kommt ein Promigast zu spät, mal ist die Band stockbesoffen.

Als Moderator musste ich jahrelang improvisieren – diese Improvisation darf dich aber nicht von deinem Plan A auf der Bühne abbringen, die Menschen zu unterhalten.

Ich erinnere mich noch gut an meinen ersten Auftritt als Vortragsredner vor ein paar Jahren. Ich sollte vor einer kleinen Wirtschaftsgruppe sprechen, die sich neue Anregungen für den Verkauf holen wollte. Ich war großartig vorbereitet, hatte die perfekte Struktur im Kopf und meine 90-minütige Rede war minutiös geplant. Ich wusste genau, wann ich was zu sagen hatte, wann die Lacher kommen und emotionale Momente meine Zuhörer berühren sollten. Ich war gut vorbereitet.

Leider war ich so gut vorbereitet, dass ich nach dem ersten Hänger nicht mehr in meine vorbereitete Struktur hineinfand. Ich konnte den Faden nicht mehr aufgreifen und musste ... improvisieren.

Und weißt du was?

Es war sicher besser, als das ganze Auswendiggelernte je hätte sein können!

Improvisation ist kein Talent – es ist ein Werkzeug, das wir lernen und uns erarbeiten können.

Und dieses Werkzeug hilft nicht nur in Reden und Präsentationen – wir brauchen es auch fast täglich in unserem beruflichen Alltag. Improvisationsfähigkeit ist aus meiner Sicht die Fähigkeit der Zukunft.

Die Kunst, entspannt mit unvorhergesehenen Veränderungen umzugehen, entspannt dich, weil du weißt, du kannst dir helfen – egal, was passiert. Es ist das Urvertrauen in deine Instinkte und erlebten Erfahrungen.

Improvisation für Anfänger

„Improvisation klingt gut, aber wie gelingt sie mir?" Diese Frage habe ich schon oft gehört. Gerade Menschen, die alles planen und durchdenken, haben hierfür eben keinen Plan. Und das ist gut so! Wie es trotzdem gehen kann? Geh aus dem Kopf und mach einfach – in deinem Kopf ist mehr, als du dir vorstellen kannst! Falls dir das nicht genügt, findest du hier eine Anleitung. Was brauchst du also, um Meister der Improvisation zu werden?

Geplante Improvisation

Eine weitere Möglichkeit, um Improvisation zu üben, lernte ich im Zuge einer Impro-Veranstaltung mit Theaterschauspielern kennen. Wir mussten mit geschlossenen Augen einen 15-minütigen Dialog zu völlig sinnbefreiten Themen führen. Die strategische Überlegung zum Einsatz von Schlittenhunden in der Wüste Gobi ist nur ein Beispiel. Dabei durften wir nicht absetzen oder überlegen, was wir nun sagen sollten. Was dabei herauskam, war zwar nichts Produktives, aber die Angst davor, etwas „Dummes" zu sagen, wurde weniger. Das Vertrauen in unser Wissen stieg und damit auch die Eloquenz. Und bekanntermaßen schlägt Eloquenz die Kompetenz. Wer gut reden kann, ist heute und in Zukunft ganz klar im Vorteil.

Ich praktiziere diese Technik mit Teilnehmern, wenn es um freies Reden geht. Sie schärft außerdem die Fähigkeit zuzuhören und herauszufinden, was dein Gegenüber wirklich meinen könnte.

Bereitschaft zur Veränderung

Klingt gut – oder nicht?

Veränderung ist der erste Schritt auf deinem Weg zu Plan A.

Wenn du in dir noch Widerstand spürst, frag dich:

- » Was kann ich gewinnen, wenn sich etwas ändert?
- » In welcher Weise wirkt sich dieser Wandel positiv auf mich und mein engstes Umfeld aus?

Perfektionismus, ade!

Ähnliches gilt auch für das Thema Improvisation.

Eine Improvisation, egal ob Rede, Konzept oder neues Produkt am Markt, wird nicht perfekt. Aber gut genug, um daran zu wachsen. Verrenn dich also nicht im Streben nach Perfektion. Du brauchst nicht fehlerfrei zu sein, es geht darum, mit Hoppalas richtig umzugehen, daraus zu lernen und die Lösung auf neue Gegebenheiten anzupassen.

Aber …

Wenn dieses „Aber“ immer noch in deinem Kopf sitzt, dann mach folgendes Experiment:

Bei deiner nächsten Präsentation oder beim nächsten Kundenbesuch lässt du bewusst einen (in deinen Augen) wichtigen Punkt aus und beobachtest, was passiert. Reagiert dein Gegenüber darauf? Fällt es ihm überhaupt auf? Wenn nicht, kannst du dich entspannen. Und selbst, wenn es auffallen sollte: Was ist geschehen? Wahrscheinlich nichts! Also trau dich ruhig, immer wieder bewusst „Fehler“ einzubauen. Das hilft dir dabei, dein Vertrauen in die Kunst der Improvisation zu stärken.

• Keep it simple!

Denk nicht zu kompliziert! Wir versinken oftmals so im Dschungel der Chancen und Optionen, dass wir den Wald vor lauter Bäumen nicht mehr sehen. Dabei liegt die Lösung oft vor uns – wir müssen nur hinschauen. Ohne Wenn und Aber.

Vor ein paar Jahren besuchte ich mit meiner Freundin die Tropfsteinhöhlen am Dachstein. Am Ende der Führung zeigte uns der Guide die in allen Farben glitzernden Spitzen, die zu Tausenden auf der Decke zu sehen waren. „Habt ihr eine Ahnung, was das ist?“

Die ganze Gruppe riet mit und wir hatten alle möglichen Thesen und Ideen: Kristalle, Ablagerungen, Spiegelungen von außen, etc.

Schließlich meldeten sich zwei Kids zu Wort: „Das ist doch Wasser, oder?“ Und ja, tatsächlich handelte es sich bei der großartigen Erscheinung lediglich um stinknormales Wasser, in dem sich die kantigen Felsen spiegelten.

„Einfach“ zu denken wie Kinder verhilft uns oft zur richtigen Lösung!

• Vertrau deinem Instinkt!

Mehr Menschen, als wir denken – Kunden wie Verkäufer - entscheiden aus dem Bauch heraus. Tatsächlich entscheiden wir uns im Schnitt in weit über 90 Prozent der Fälle aus emotionalen Gründen für ein Produkt, eine Dienstleistung oder einen Menschen. Dies trifft auch auf persönliche Entscheidungen in Job und Business zu. Beim Improvisieren wird Wissen aktiviert, das in uns schlummert.

In einem meiner Seminare hatte ich Junior-Verkäufer zur Ausbildung bei mir. Gute, willige und ehrgeizige Männer und Frauen. Sie alle waren für ihre Übungs-Verkaufsgespräche top vorbereitet. Sie hatten alle ihre Struktur für das Gespräch intus und hielten sich strikt daran.

Die erste Runde bestand aus stocksteifen Horrorgesprächen – alle starrten auf ihr Tablet und die darin versteckten Produktinfos und Notizen. Die Natürlichkeit des Gesprächs und das schon vorhandene Wissen gingen dabei völlig verloren.

Das kann passieren, wenn Struktur, Kontrolle und Planung überhandnehmen. Ein klares Zeichen dafür, dass das Vertrauen in Plan A – in diesen Job, diese Aufgabe – noch nicht da ist.

In der zweiten Runde bat ich sie, auf ihr Wissen und ihre empathischen Fähigkeiten zu vertrauen und das Tablet einfach mal liegen zu lassen. „Wenn ihr wirklich wissen wollt, ob ihr für diesen Job geeignet seid, dann legt jetzt alle Unterlagen weg und geht „nackt" zum Kunden", sagte ich. Denn Erwartungen und Druck von außen machen uns verbissen und verhindern dadurch die spielerische Leichtigkeit, die aufkommt, wenn du deinen Plan A wirklich für dich entdeckt hast. Als Ergebnis kamen sympathische Persönlichkeiten zum Vorschein, die trotz Videoaufnahmen und zehn auf sie gerichteter Augenpaare plötzlich ein völlig natürliches Gespräch führen konnten.

Ein Jahr später fragte ich bei meinem Kunden nach, wie es nach der Ausbildung jenen Teilnehmern ergangen ist, bei denen ich aufgrund ihrer Stocksteifheit kein gutes Gefühl hatte. Sie waren nicht mehr im Unternehmen.

Instinkt im Auswahlprozess von Menschen (zur Erstellung deines Plan A)

Wenn wir uns für Partner, Kunden, Lieferanten, Mentoren oder Coaches entscheiden, vertrauen wir dabei nur allzu oft den Hard Facts. Welche Ausbildung, Weiterbildung, Erfahrung hat er oder sie? Welche Qualifikation kann er vorweisen, wie viele Colleges hat er oder sie besucht? All das imponiert uns und suggeriert ein falsches Verständnis von Vertrauen.

Auch in Unternehmen passieren diese Dinge im Recruiting-Bereich nur allzu häufig. Mitarbeiter werden aufgrund ihrer fachlichen Voraussetzungen eingestellt und wegen menschlicher Differenzen wieder gefeuert. „Hired by ability – fired by personality". Warum nicht gleich die wichtigere Komponente miteinbeziehen? Das setzt Instinkt und Menschenkenntnis voraus, die auch in der Entstehung deines Plan A wesentliche Bausteine darstellen.

Egal, in welches Business du einsteigen möchtest, oder in welchem Bereich du schon tätig bist – in irgendeiner Weise bist du im People-Business. Ob bei Mitarbeitern, Kunden oder Lieferanten. Außer du bist Obstsammler in den französischen Pyrenäen. Deshalb vergiss mal alle Kriterien und überprüfe einfach, ob dein Gegenüber bei dir „ankommt".

Die Menschen, mit denen du einen Plan A erstellen oder den Weg dorthin gehen möchtest, werden niemals in die volle Verantwortung gehen, wenn du ihnen fremde Maßstäbe aufzuzwingen versuchst. In einem zwanghaften Klima der Delegationen wirst du Partner, Wegbegleiter oder Mitarbeiter schneller verlieren als Cinderella ihren Schuh.

Wirklich kreative Menschen, die dir mit ihrem Potenzial weiterhelfen könnten, spielen dieses Spiel keine sechs Monate mit. Ich war selbst manchmal in dieser Situation – gefangen in fremden Maßstäben, sowohl von Vorgesetzten als auch von Kunden, die sich von mir Dinge erwarteten, die nicht zu meinem Plan A, also zu meinen definierten Werten passten. Doch erst nach Entwicklung meines Plans A konnte ich ohne Reue diesen Ballast abwerfen und wieder meinem Instinkt vertrauen. Und auch das ist eine moderne Managementart der Improvisation.

„Ich mach mir die Welt, wie sie mir gefällt!"

So oder so ähnlich singt schon eine der berühmtesten rothaarigen Film- und Buchfiguren. Wie wahr! Doch nicht immer gefällt uns die Welt, wie wir selbst sie uns machen. Weil uns auch gar nicht immer bewusst ist, dass wir selbst unsere eigene Welt(sicht) gestalten.

Und wenn uns diese Welt(sicht) so, wie wir sie aktuell wahrnehmen, nicht gefällt, wird alles, was wir tun, in diese Richtung laufen.

Das Energie-Erhaltungsgesetz kennen wir aus dem Physikunterricht. Es besagt, dass die Summe aller Energien konstant bleibt, also Energie weder aus dem Nichts entstehen noch ins Nichts vergehen kann. Energie kann nur umgewandelt werden. Seit der Quantentheorie ziehen viele Forscher daher den Begriff der „Wechselwirkung" dem Begriff der Energie vor. Und genau diese Wechselwirkung passiert in jeder Lebenssituation. Tust du etwas mit Liebe und Hingabe, erlebst du dadurch Glück und Zufriedenheit.

Mancher fühlt sich bei solchen Sätzen an esoterische Selbstfindungsprozesse erinnert. „Liebe das, was du tust, mit Energie." Tja, leider wird Lieben in der deutschen Sprache oft mit einer peinlichen Sachlichkeit gleichgesetzt, um oberflächliche Inszenierungen großer Botschaften aufrechtzuerhalten. Und das ist im Geschäftsleben geradezu verpönt. Dass wir etwas akzeptieren – ja natürlich, aber müssen wir deshalb etwas gleich lieben?

Liebe bedeutet, etwas mit ganzem Herzen und voller Energie zu tun. Und damit die Halbherzigkeit, also das Prinzip, das in vielen Menschen jeden Tag mitschwingt, bewusst abzulegen. Weg vom Plan B im Hinterkopf – hin zu Plan A in jeder Faser deines Körpers! Wenn du eine Banane durch eine blaue Brille betrachtest: Welche Farbe hat dann die Banane?

Nein, nicht grün. Sie ist immer noch gelb. Dieser persönliche Filter ist es, der uns die Welt nicht so sehen lässt, wie sie WIRKLICH ist. Denn unsere Wahrnehmung dürfen wir nicht immer „für wahr nehmen".

Was du wahrnimmst, hängt davon ab, was du glaubst. Wir bauen uns unsere eigene Realität und Wirklichkeit auf.

Das nennt man salopp „selektive Wahrnehmung". Soll bedeuten, dass du alles durch deinen Filter siehst und dadurch oft nur jenes zulässt, was du für wahr erachtest. Mit unserem „Wissen" aus der Vergangenheit verknüpfen wir jedes neue Erlebnis und all das Neue, das uns im Leben widerfährt. Was nichts anderes bedeutet, als dass wir uns von neuem Wissen oder neuen Menschen immer ein bestimmtes Bild machen.

Wann spüren wir diese Energie?

Wenn wir uns beim Einschlafen darauf freuen, dass wir am nächsten Morgen weitermachen dürfen. Und wenn wir dieses Gefühl nicht für das Hobby reservieren, sondern für unsere ganze Lebenszeit. Denn etwas aufzuteilen in das, was aktuell ist, und das, was sein sollte, ist die trügerischste Weise, sein Leben zu leben.

Wir sehen diese Energie nicht unmittelbar, aber wir können sie sehr wohl erleben und selbst gestalten. Commitment-Energie könnte man diese Energie nennen. Es scheint keine anderen Beweggründe außerhalb des eigentlichen Tuns zu geben. Schön beobachtbar ist das, wenn du Kindern beim Spielen zusiehst. Versuche dann mal, sie zum Essen zu rufen.

Natürlich wirst du jetzt sagen, dass das nur etwas für Menschen ist, die unter besseren Umständen leben. Sie hätten größere Freiräume, mehr Gestaltungsfreiheit, um sich ihre Welt so zu gestalten, wie sie sie brauchen. Aber es gibt Menschen, die selbst in Tätigkeiten, die andere als völlig langweilig, eintönig oder unwichtig erachten, Entwicklungsfelder und Freude für sich sehen. Und dabei entfalten sie plötzlich Fähigkeiten, die andere ihnen niemals zugetraut hätten und genießen ihr Tun in vollen Zügen. Sie erleben das Tun einfach anders.

Wenn du also der Ansicht bist, dass du beliebt und erfolgreich bist und die Welt die Sonnenfenster für dich geöffnet hält, dann ist dieses physikalische Grundgesetz großartig. Wenn du jedoch noch auf der Suche bist oder generell die Meinung vertrittst, dass die Regenwolke immer nur über deinem Haus hängt, dann wird dir das ebenso immer wieder „von außen" bestätigt werden. Weil es eben das ist, was du wahrnimmst und als wahr annimmst. Die Energie fließt immer, such dir also den richtigen Plan für sie aus!

Perspektivenwechsel gefällig?

Ich habe mir selbst antrainiert, in manchen Situationen etwas Abstand vom Alltag zu gewinnen. Das Gedanken-Wirrwarr und die vielen Sinneseindrücke können uns in der Entscheidung schon mal stark beeinflussen.

Dafür wende ich das „Outside oft the Box"-Thinking-Prinzip an – im Coaching nennt man das die „Paradox-Fragen".

Dreh dafür die aktuellen Tatsachen, Glaubenssätze oder Wahrnehmungen einmal ins völlige Gegenteil. Frag dich selbst: „Was, wenn alles ganz anders wäre?" Nimm einfach einmal probehalber den gegensätzlichen Standpunkt ein – nur als Versuch – und schau, wohin dich diese neuen Gedanken bringen!

Unser Gehirn braucht eine gewisse Zeit, bis es sich umprogrammieren lässt, also gib nicht gleich auf, wenn der erste Versuch nicht so klappt, wie du es dir wünschst. Wenn du dieses neue Denken eine Zeit lang trainierst, wirst du auf jeden Fall einen großen Unterschied erkennen können.

Überleg dir, warum du einem Menschen oder einer Tatsache gegenüber genau diese bestimmte Meinung hast.

Was verbindest du damit? Meist kommen wir beim genaueren Hinsehen darauf, dass es Gedanken aus der Kindheit sind oder z. B. Aussagen unserer Großeltern: „Wenn du wieder wechselst, findest du bald gar keinen Job mehr!", „Du brauchst doch irgendwelche Sicherheiten!", „Sei vorsichtig mit fremden Menschen!" usw.

Aus solchen Aussagen entstehen jene Glaubenssätze, die unsere Energie – wie oben schon erwähnt – in gute oder schlechtere Bahnen lenken können. Menschen, die uns nahestehen, zu denen wir aufblicken und die – zumindest, solange wir noch klein sind – die absolute Wahrheit für sich gepachtet haben, beeinflussen uns sehr. Wir alle haben in der Kindheit Meinungen anderer als unsere Wahrheit übernommen. Nun ist die Zeit gekommen, sich diese versteckten Glaubenssätze anzuschauen. Und das, was nicht mehr passt, einfach über Bord zu werfen. Natürlich ist das ein Prozess, der nicht über Nacht abgeschlossen ist. Aber wenn du dir jedes Mal, wenn du in eine solche Denkfalle tappst, bewusst machst, dass das nicht mehr das ist, was du heute darüber denkst, dann wird sich schon bald einiges ändern.

Manche leben schon ihren Plan A – wissen es aber nicht

Eine befreundete TV-Moderatorin erzählte mir vor einigen Jahren eine Geschichte. Sie habe beruflich weder die Notwendigkeit gehabt, sich großartig verändern zu müssen, noch kannte sie die Herausforderung, in ihrem Job besser sein zu müssen als andere.

Erst Jahre später, als wir gemeinsam ein Kommunikationsseminar abhielten und eine längere Unterhaltung führten, kam ihr die Erleuchtung. Sie lebte schon seit ihrem 17. Lebensjahr ihre Leidenschaft im Beruf aus und verfolgte somit unbewusst ihren Plan A. Das verschaffte ihr die Freiheit, unbelastet zu agieren. Ihr Plan A ist also einfach „passiert", weil nichts da war – weder ein äußerer Widerstand noch ein innerer Glaubenssatz –, der ihn verhindert hat.

In unserem Leben geht es immer nur darum, bewusst zu (er)leben. Die Qualität des Alltags der Moderatorin hat sich nach diesem langen Gespräch noch mal gesteigert, seit sie sich dieser Tatsachen bewusst geworden ist.

Unser Leben besteht aus genutzten und ungenutzten Gelegenheiten. Die Moderatorin hat ihre Gelegenheit früh genutzt, ohne es zu wissen. Andere brauchen eine lange „Reise" zu sich selbst, um sich ihrer Gelegenheiten bewusst zu werden und andere schwimmen im Strom und wundern sich, wenn sie sich in den Gabelungen des Flussdeltas verirren und absaufen. Nichts hält ewig, außer der Schmerz, etwas verpasst zu haben.

Was ist nun „Erfolg"?

Erfolg ist die Folge vom Erkennen deiner Bestimmung.

Wenn dein Plan A Erfolg, Geld, Umsatz, Vermögen, Macht bedeutet, dann bist du auf ewig ein Gefangener. Das ist nicht die Definition eines Plan A. Nur Ohnmächtige suchen nach Macht, es ist ihre einzige Hoffnung. Nur Arme suchen nach Vermögen. Nur Planlose suchen nach Zielen. Nun such dir selbst aus, wer Erfolg sucht.

Ein Vermögen aufzubauen, ist nett. Nichts gegen Luxus. Wenn du ihn einmal gehabt hast und er dich nicht – wie erwartet oder erhofft – erfüllt hat, dann kannst du ihn einfacher loslassen. Nach dem Prinzip: „Wenn ich das erst einmal habe, dann geht's einfacher, dann bin ich jemand!" Aber warum bist du dann immer noch unzufrieden, wenn du endlich dein Ziel erreicht hast? Erst hier verstehen die meisten, dass es da noch mehr geben muss. Auch ich war an dem Punkt. Toller Job, toller Firmenwagen, Vertrauen und Zuspruch aus dem Umfeld, nach dem Prinzip: „Wow, jetzt hast du es geschafft!" Doch gerade das war der Auslöser zum Umdenken. Wenn Menschen zu mir kommen mit Zielen wie „Ich will meine erste Million mit meiner Firma machen!" stelle ich immer folgende Fragen:

» Welche Erfahrungen willst du damit machen?
» Welche Konsequenzen können daraus entstehen?
» Was folgt nach dem Erreichen dieses Ziels?

Erst nach langen Überlegungen greifen diese Fragen und der eigentlich angepeilte „Erfolg" wird noch mal überdacht. Ich möchte damit immer mal wieder die Illusion vom falsch verstandenen Erfolg nehmen.

Erst in den vergangenen Jahren vor meinem zweiten Anlauf als Unternehmer wurde mir bewusst, was in meinem Leben wirklich zählt:

WEITER-ENT-WICKLUNG!

Einen Beitrag im Leben anderer leisten, sie zu inspirieren und ihnen Möglichkeit zu bieten, mit ihrem Potenzial einen Unterschied im Leben anderer zu machen. Verbunden mit dem Aspekt, dass sie die Freude am Tun wiederfinden und jeden Tag voll aufblühen. Basierend auf meinen Werten: Freude, Freiheit, Abenteuer, Neugier und Kreativität. Das ist mein persönlicher Wertekompass.

Wer mit Zielen lebt, lebt nicht im Jetzt

„Wieso kein Ziel?", fragst du. Nun ja – ein Ziel ist fein, aber irgendwann hat man es erreicht. Und dann? Ein neues Ziel suchen? Kennen wir schon. Und es führt zu nichts anderem als dem Esel-Karotte-System.

Das Problem unserer Gesellschaft liegt darin, dass wir den Erfolg nur daran messen, wie viele Ziele jemand erreicht hat. Doch das ist völlig falsch gedacht! Auf diese Weise hecheln wir nämlich nur den „Sehenswürdigkeiten" des Lebens nach, um unser Glück zu finden.

Eine meiner vielen Reisen ging für einige Wochen ins isländische Hochland. Ich war drei Wochen völlig allein nur mit Zelt, Schlafsack und Mountainbike unterwegs. Als ich an den letzten Tagen am Horizont die Konturen der Hallgrimskirche, dem größten Gebäude Reykjaviks sah, war ich weder glücklich noch erfreut über das Ziel. Was ich in diesem Moment gespürt habe, waren zum einen meine Waden und zum anderen pure Erleichterung. Wenn wir Ziele erreichen, sind wir nachher nichts anderes als erleichtert. Aber ist das wirklich der Sinn des Lebens, Zielen hinterherzulaufen, nur um erleichtert zu sein?

Die Corona-Krise 2020 hat uns in der Möglichkeit des Reisens beschnitten. Uns wurden die schönsten Ziele vor der Nase weggenommen. Und was passiert nun in einer Krisenzeit wie dieser mit Menschen und Unternehmen, die ihr ganzes Leben nur nach Zielen und Erfolgen ausgerichtet haben? Sie leben in einem psychologischen Wachkoma. In der Psychologie nennt sich das „Horror vacui" – die Angst vor der großen Leere. Ziele sind also nicht die Essenz unseres gesuchten Plan A.

**Es gibt zwei Dramen im Leben:
ein erfüllter und ein nicht erfüllter Wunsch.**

George Bernard Shaw

Was ist das immer mit diesen Zielen?

Versteh mich nicht falsch! Ich habe nichts gegen Ziele. Sie setzen Energien frei, um überhaupt mal in Gang zu kommen, und zeigen uns in kleinen Etappen auf, ob wir auf Kurs sind. Aber wenn du deinen Fokus ausschließlich aufs Ziel legst, vergisst du dabei vielleicht das Wichtigste: zu LEBEN! Daher mache ich dir einen Vorschlag: Wir reden hier gar nicht erst über Ziele. Ziele zu erreichen, ist nicht der eigentliche Erfolg. Ein Ziel zu erreichen, „erfolgt“ aus deinem Plan A. Du hast deine Vision, also etwas, das dich manchmal nicht schlafen lässt, das dein Herz höher schlagen lässt und das dich während deiner Reise mit Freude erfüllt. Wenn du es schaffst, deinen Fokus darauf zu richten, was immer du tust, welche Entscheidung auch immer du zu treffen hast, dann passiert dein Weg von ganz allein. Manchmal gibt es nichts „zu tun“, als einfach alles, was du tust, nach dem zu beurteilen, ob es dich deinem Plan A näherbringt oder ihm eher hinderlich ist. So werden Ziele irgendwann überflüssig – der Weg wird zum Ziel, wie schon Konfuzius sagte. Diese Leichtigkeit des Seins auf der einen sowie die Konsequenz im Handeln auf der anderen Seite wirken nach außen wie ein Magnet. Menschen und Unternehmen, die angestrengt nach Zielen lechzen, die den Profit als Gratmesser für Erfolg sehen, haben in Zeiten der Sinnsuche keine Attraktivität mehr. Wer heute noch herausstechen und sich auf dem Markt abheben will, muss diesen Kontext für sich finden und in Worte fassen können.

Neue Werte braucht das Land

Gute Beispiele gibt es dafür sogar in der Politik: Länder, die nicht mehr das Bruttoinlandsprodukt – also die Gesamtleistung der Wirtschaft – als Fortschritt messen, sondern das Wohlergehen und Gemeinwohl der Bevölkerung als Orientierung nehmen. Also wo die ehrenamtliche Arbeit im Verein, der Umstieg auf die Öffis oder die Hilfe bei der Flurreinigung genauso in den „Wert“ eines Landes einfließen wie die Ergebnisse der Wirtschaftsleistung.

Auffallend ist, dass alle drei Vorreiter-Länder mit Jacinda Ardern (Neuseeland), Nicola Sturgeon (Schottland) und Katrín Jakobsdóttir (Island) eine Frau an der Spitze der Regierung haben. Die drei Regierungen vertreten jedenfalls die „Vision einer Gesellschaft, die auch auf Wohlergehen und nicht nur auf Wohlstand beruht,“ so Nicola Sturgeon. Das ist die visionäre Denkweise, die du oder Unternehmen, völlig abgekoppelt von wirtschaftlichen Aspekten oder Erfolgen, haben müssen. Wenn Menschen Ziele erreichen, ist das zugleich oft ein Indikator für Erfolg. Doch Erfolg kann wie Glück nicht verfolgt werden, er muss „erfolgen“ als unbeabsichtigte Nebenwirkung, wenn sich der Mensch einer Sache widmet.

Was daraus „erfolgt“, sind die erreichten Ziele. Es ist also genau umgekehrt.

Nicht ein Ziel hat den Erfolg zur Folge. Vielmehr ermöglicht dir die Tatsache, dass du deinem Plan folgst, erst das Erreichen deiner Ziele.

Künstler beispielsweise freuen sich nicht auf ihr fertiges „Produkt“, sondern über den Prozess des Entstehens. Wenn ich jetzt für Vorträge auf Bühnen stehe, bin ich nicht glücklich „nach“ dem Event, sondern währenddessen. Die Freude muss im Tun liegen, nicht im Durchlaufen der Ziellinie.

Die Grundidee, sich Ziele zu setzen, geht davon aus, dass man einem Menschen gewissermaßen von außen ein Ziel implementieren kann. Allerdings folgt jeder Mensch, was immer er auch tut, seinem eigenen, innen definierten Wertekompass, seinen Normen und persönlichen Zielen. Was dabei alle verbinden kann, ist der Weg dahin – also der Plan A und dessen Werte.

Das Problem entsteht also erst, wenn du dich so auf das Ziel versteifst, dass dir der Weg, den du in der Gegenwart gehst, keine Freude mehr bereitet. Die Belohnung liegt also nicht primär im Ziel, sondern im Genuss des Augenblicks. Ich meine damit die Fähigkeit, deine volle Aufmerksamkeit willentlich auf eine Aufgabe zu richten. Wir leben aber meist in einem Dauerzustand der Halbherzigkeit. Ein Grund mehr für das Verfehlen von Zielen.

Einer der erfolgreichsten Verkäufer, die ich jemals kennengelernt habe, hat mir zu Beginn meiner Verkäuferausbildung einen so wertvollen Satz mitgegeben, der genau das widerspiegelt: „Ich denke nie an Jahresprämien oder Boni, Quartalsergebnisse oder an den Monatsabschluss. Ich denke nur an diesen Kunden, der da vor mir sitzt und der jetzt der wichtigste Gesprächspartner meines Lebens ist“.

Es ist also nicht die pure Verbissenheit oder das Möchtegern-Macher-Gen, das uns den eigentlichen „Erfolg“ einbringt. Noch immer ist im Business der Glaube weit verbreitet, dass diese verbissene Anstrengung so was wie zusätzliche Motivation entfesseln kann. In Wirklichkeit werden genau auf diese Weise Ziele verfehlt.

Die Abhängigkeit von Erfolg, Geld und Zielen endlich loslassen

Was wir also brauchen, sind nicht noch mehr Ziele und Erfolge. Das ist blanker Aktionismus. Doch aus diesem Spiel auszubrechen, ist nicht so einfach. Wir sehen, dass wir vom Kurs abweichen und korrigieren danach wieder den Weg zum Ziel. Wir sehen Erfolge bei anderen und würden sie gern selbst verbuchen. Das alles saugt uns Lebensfreude und Energie aus. Jedes Ziel demotiviert. Was wir als Menschen brauchen, ist Energie für kreative Ideen. Das bedeutet: Der einzige Grund, warum du möglicherweise in deiner Aufgabe nicht so „erfolgreich" bist, wie du meinst, liegt daran, dass du die Aufgabe nicht mit voller Liebe und Hingabe erfüllst oder erfüllen kannst. Weil du alles nur tust, um deinem Umfeld etwas zu beweisen, eine Karrierestufe weiter zu erklimmen, den nächsten Urlaub buchen zu können, oder das neuere Auto zu kaufen, um damit der Anerkennung anderer nachzulaufen oder zu sagen: „Yes Baby – Ziel erreicht!". Im Namen des „Karriere-Machens" werden Autonomie, Selbstbestimmung und Freiheit aufgegeben – Erlösung verspricht der Feierabend, das Wochenende oder die Freude auf den Ausgleich am Abend, wie immer der aussieht. Alles nur Mittel zum Zweck, um zu, um zu... später, später...

Das Ziel steht im Weg

Man sagt: „Der Weg ist das Ziel!" Ich meine: „Das Ziel steht oft im Weg!"

Wenn du immer nur das Ziel im Fokus hast, vergisst du leicht das Hier und Jetzt! Und das ist doch letztendlich das Einzige, das wirklich zählt. Der einzige Zeitpunkt, an dem du glücklich sein kannst, ist JETZT!

„Wenn die Wohnung endlich fertig ist, dann bin ich glücklich, dann kann ich mich um mich selbst kümmern!"

„Wenn ich endlich diesen Job habe, dann ist alles gut und ich kann mich wieder auf mein Leben konzentrieren!"

„Wenn ich endlich..."

Wie geht dieser Satz bei dir weiter? Und, noch wichtiger: Stimmt er? Wir suchen unser Glück immer nur in der Zukunft und merken nicht, dass wir uns damit wieder nur in einem irren Laufrad drehen.

Alles, was du in der Zukunft suchst, fehlt dir im Jetzt.

Die Sherpas in Tibet sind besessene Wanderer. Und ihre Einstellung bestärkt der Spruch „Der Weg ist das Ziel". Im Sherpaland ist jeder Weg mit Steinhaufen und Gebetsfahnen markiert, die einen daran erinnern, dass des Menschen wahres Haus nicht das Haus, sondern der Weg ist und das Leben selbst eine Reise darstellt, die zu Fuß zurückgelegt werden muss.

Es ist das Arbeiten für den Countdown des Lebens „bis ich 70 bin“. Atemlos hechelnd blicken wir in eine trübe Zukunft, ohne Blick für die Gegenwart. Und damit verschwindet die Freude am Hier und Jetzt – die Freude am aktuellen Moment. Musst du wirklich das oder jenes erledigen, damit du glücklich sein kannst?

„Happiness is a state of mind“, das sagt man auch oft.

Und ich finde, es stimmt. Du brauchst nichts, um glücklich zu sein – außer der Entscheidung, es zu sein. Also vergiss für den Moment mal komplett all deine Ziele und konzentriere dich nur auf den Moment.

Wenn du unabhängig von Zielen oder Vorgaben arbeiten könntest, wie würde deine Stellen- und Aufgabenbeschreibung im Job oder als Unternehmer aussehen? Was wäre, wenn du diese Jobbeschreibung für dich selbst erstellen könntest?

Frag dich also folgende Punkte, um unabhängig von Zielen deinen Plan A an möglichen Werten und Antworten zu finden.

» Wann hast du dich zuletzt gerne und mit Schwung auf etwas völlig Neues eingelassen?
» Wann haben deine erzählten Geschichten an Lebhaftigkeit verloren?
» Wann hast du das letzte Mal etwas zum ersten Mal gemacht?
» Wann hattest du das Gefühl bei einer Aufgabe, dass da noch weit mehr ginge?
» Wann hast du die Zeit bei der Arbeit zuletzt ganz vergessen?
» Wann hast du dich in eine Aufgabe richtiggehend verbissen?

Der Philosoph Richard David Precht sagt:

„Der Optimist, dessen Erwartungen sich nicht erfüllen, hat allemal ein sinnvolleres Leben geführt als ein Pessimist, der sich bestätigt fühlt.“

Mindset – ganz ohne Bullshit-Phrasenbingo

Nicht das, was uns passiert, entscheidet über unseren Erfolg, sondern das, was wir daraus machen. Ein positives Mindset erlaubt uns, im Alltag gelassen zu reagieren, erfolgreich zu kommunizieren, effizient zu handeln, Krisen zu meistern und Chancen zu erkennen. Das Gefühl der Selbstwirksamkeit stärkt unsere Willenskraft und erlaubt uns, uns weiterzuentwickeln. Wenn wir von Mindset sprechen, ist das für mich persönlich die tiefliegende mentale Grundeinstellung. Das, was unser bisher Erlebtes mit unserem Ego verbindet. Also eine Mischung aus bewusstem und unbewusstem Denken.

Was genau ist ein Mindset?

Generell unterscheidet man zwischen zwei Arten des Mindsets. Die Motivationspsychologin Carol Dweck erforscht seit Langem die Mechanismen unseres Denkens und wie dieses Erfolge oder Niederlagen beeinflusst. Aber auch, wie Menschen mit Niederlagen umgehen. Sie unterscheidet zwischen Fixed Mindset, also einem statischen Selbstbild, und dem Growth Mindset, einem dynamischen Selbstbild.

Fixed Mindset

Personen, die zu einem Fixed Mindset tendieren, haben die Überzeugung, dass sie an dem, was ihnen an Fähigkeiten fehlt, nichts ändern können.

Daher meiden sie Herausforderungen, wenn sie eine Niederlage befürchten. Wenn sie davon überzeugt sind, dass sie für eine Aufgabe nicht das nötige Können mitbringen, versuchen sie es erst gar nicht. Das heißt, sie entwickeln sich nur dort weiter, wo sie ohnehin schon gut sind oder zu sein glauben. Sie haben große Angst davor, Fehler zu machen und fühlen sich als Versager, wenn ihnen etwas nicht auf Anhieb gelingt. Ihren Erfolg führen sie auf ihre Herkunft oder ihre angeborenen Talente zurück.

Growth Mindset

Personen mit einem Growth Mindset sind hingegen davon überzeugt, dass sie alles schaffen können. Das ist mitunter der Grund, warum sie in der Regel tatsächlich erfolgreicher sind. Sie sind wiss- und lernbegierig und entwickeln sich in jedem Bereich weiter, der für sie von Interesse ist. Das Entdecken und Lernen von Neuem bereiten ihnen viel Freude. Zudem sind sie davon überzeugt, dass sie alles schaffen können, wenn sie nur wollen. Sie sind sich dessen bewusst, dass sie ihr Leben selbst in der Hand haben und übernehmen Verantwortung dafür. Fehler und Misserfolge sehen sie eher als Chance zu wachsen und sich zu verbessern.

Du siehst: Der individuelle Erfolg hängt von unserer Bereitschaft ab, zu lernen und uns weiterzuentwickeln.

Natürlich gibt es keine Menschen, die entweder nur das eine oder das andere Mindset in sich tragen. Wir sind alle Mischtypen und es ist kaum jemandem möglich, in jeder Lebenssituation ein dynamisches Selbstbild zu leben.

Doch ist dies durchaus ein Bereich, in dem du die Möglichkeit hast, dein Mindset aufzupeppen – wenn du es nicht ohnehin schon getan hast oder gerade dabei bist, es zu tun. Wenn du das erst einmal herausgefunden und verinnerlicht hast, steht deiner Reise im Glück – und nicht ins Glück! – nichts mehr im Wege!

Mythos „think positive"

„Wer positiv denkt, hat bereits gewonnen." Zumindest liest man das in vielen Erfolgsratgebern. Man müsse nur an sich glauben, dann könne man alles schaffen. Es wurde ein Weltbild des positiven Denkens geschaffen. Die Praxis zeigt jedoch: Der Glaube an sich selbst hilft zwar, bringt einen aber sehr schnell an seine Grenzen.

Es gibt aber keinen Grund, diesen Optimismus schlecht zu machen. Auch Studien belegen, dass eine positive Einstellung im Prinzip eine positive Wirkung im Alltag zeigt. Vor allem Menschen, die sowieso schon ein höheres Selbstwertgefühl haben, profitieren von positiven Affirmationen. Also positiven Glaubenssätzen, die sie sich immer wieder vorsagen. Wollen sich aber Menschen, die von stark negativen Glaubenssätzen belastet sind, mit solchen Affirmationen und Strategien aus ihrem Jammertal bewegen, kann das ziemlich rasch nach hinten losgehen: Psychologen vermuten, dass diese Positiv-Sätze Menschen mit geringerem Selbstwertgefühl an verpasste Lebensziele erinnern und daher die bisher negativen Gefühle nur kurzzeitig unterdrückt werden. Jobsuchende oder Schulabbrecher, die mit starken Erfolgssätzen und Motivationsfloskeln arbeiten, schreiben weniger Bewerbungen und verdienen dann auch später weniger Geld. Und wieder andere Studien zeigen, dass negativ denkende Menschen, die sich eigentlich immer besonders gut auf Prüfungen vorbereiten, nachlassen, wenn sie diese Optimismus-Techniken anwenden.

Die Voraussetzung für ein glückliches Leben liegt in einer positiv realistischen Einschätzung der Welt. Aber Radikal-Optimisten, die die Realität völlig ausblenden und nur noch auf magisches Denken vertrauen, verlieren recht rasch den Bezug zur Wirklichkeit. Der Fall aus großer Höhe tut dann nur umso mehr weh. Was es braucht, ist also wesentlich mehr als nur ein paar gute Glaubenssätze.

Fokus – wirf alles über Bord!

Hinter einer Entscheidung stehen und doch flexibel bleiben.
Kein reumütiger Blick zurück, sondern volle Kraft voraus.
Beharrlich an einer Sache dranbleiben, statt ein paar Optionen warmhalten.
Das ist Fokus.

Lass los vom Faktor Geld

Geld ist gut. Es ermöglicht uns den Lebensstandard, den wir uns erfüllen möchten. Doch Reichtum hat nichts mit Geld zu tun. Es hat vielmehr damit zu tun, kreativ sein zu können, vor Ideen zu sprühen, Energie zu haben und Vertrauen in die Urinstinkte zu entwickeln. Geld ist Vermögen. Vorsicht vor der falschen Interpretation! Geld ist gut und du sollst auch gutes Geld für gute Leistung verlangen. Doch die Freude am Tun darf niemals durch eine Belohnung von außen ersetzt werden. Traurigerweise widerfährt uns das in fast jedem Entlohnungssystem. Alle Bonussysteme, Verkaufsrankings oder Provisionssysteme schaden ausschließlich dem Teamgeist in Unternehmen und zielen nur auf das Ego jedes Einzelnen ab. Nachhaltige Weiterentwicklung wird in Zeiten des ethischen Wandels in Unternehmenskulturen damit nicht mehr erreicht. Wenn du beispielsweise Verkäufer mit mehr Geld locken möchtest, hat das denselben Effekt, als würdest du mit einem Luftdruckgewehr auf Tontauben schießen. Es juckt sie kurzzeitig etwas, aber bewegen wird sich niemand. Deshalb gilt: Entkopple dein Glück von Geld!

Glück vs. Geld

Geld ist nur eine Illusion. Gib dich ihr nicht hin! Je mehr Geld du hast, desto eher baust du eine Staumauer der Angst um dich herum auf. Geld ist potenzielle Energie, sie muss abfließen wie ein Fluss, der sonst überläuft vor Angst. Die reichsten Menschen der Welt sind nicht glücklicher. Ich kenne ein paar Millionäre, die am Rand der Verzweiflung stehen. Das schöne Bild der Reichen und Schönen – vollkommener Bullshit! Die Reichen haben unglaubliche Angst davor – viel mehr als wir „Normalos" –, dass sie das angehäufte Geld wieder verlieren. Die Prioritäten verschieben sich lediglich in eine andere Dimension. Wenn Geld verdienen dein Plan A ist, dann leg das Buch weg. Ich bin dem Scheiß lange nachgelaufen, bis ich erkannt habe, dass alles, aber wirklich alles andere, wichtiger ist als Geld.

Wenn ich Geld habe, ist es das Schönste für mich, es wieder zu investieren. Aber nicht in noch mehr davon, sondern in Erfahrungen, die ich machen kann und die mich als Persönlichkeit in meinem Plan A stärken. Seien es Reisen, gutes Essen oder neue Weiterbildungen.

Die Ethik des Geldes

Bist du stolz darauf, wie du dein Geld verdienst, oder hast du die Einstellung: „Egal wie, Hauptsache Einnahmen“? Die Art, wie wir Geld verdienen, wirkt sich auf unser Denken und damit auf unseren Charakter aus.

Was hast du davon, einen schnellen Tausender gemacht zu haben, wenn andere dabei unglücklich zurückgelassen werden? Wer die Verantwortung dahinter richtig einschätzen kann, wird die Ethik des Geldverdienens richtig verstehen.

Du trägst nicht nur für dich Verantwortung, wenn es um Geld geht. Es muss immer jemand anderer dafür bezahlen. Kannst du guten Gewissens sagen: „Ja, das ist okay“?

Verbrenn die Schiffe!

„Ab einem bestimmten Punkt gibt es keine Möglichkeit mehr zur Rückkehr. Dies ist der Punkt, der erreicht werden muss.” So lautet ein Zitat von Franz Kafka.

Man bezeichnet jene Situation als besagten Punkt ohne Möglichkeit zur Rückkehr, in der die Option zur Rückkehr über den bisher gegangenen Weg nicht mehr existiert. Die einzige Alternative ist, weiterzumachen.

Die Schiffe zu verbrennen, mit denen man von der Heimat ins fremde Land gekommen ist, ist eine Geste, die in der Geschichte der Menschheit immer wieder auftaucht. So haben schon seinerzeit die Flüchtlinge aus dem zerstörten Troja ihre Schiffe verbrannt, nachdem sie Sizilien erreicht hatten. Zum Zeichen dafür, dass sie bereit waren, neu anzufangen und nach vorne zu blicken. Man sagt, dass auch Wilhelm der Eroberer nach seiner Landung in England im 11. Jahrhundert n. Chr. seiner Mannschaft befohlen haben soll, die Flotte anzuzünden. Und die Verbrennung der Schiffe des spanischen Eroberers Hernando Cortez im 16. Jahrhundert lässt sich angeblich sogar historisch belegen.

In der Businesspsychologie ist das „Verbrennen von Schiffen“ eine Technik, die Menschen dabei unterstützt, sich auf einen einzigen Weg zu konzentrieren und ihre Erfolgsaussichten damit drastisch zu erhöhen. Es geht darum, einen Geisteszustand zu erreichen, in dem „Zurück“ keine Option ist. Die Klienten bringen sich dabei freiwillig in eine Situation, in der ein Sieg der einzige Ausweg ist.

In diesem Zustand widmen wir alle mentalen Ressourcen und unsere ganze Kreativität ausschließlich der Ausführung unseres Plan A. Wir lassen unsere Zweifel verschwinden und mit ihnen auch die Angst.

Der Plan A im Spitzensport

Das Modell des Plan A ist im Spitzensport Usus. Das sagten mir der WM-Dritte im Diskuswerfen, Lukas Weisshaidinger, der mit Arnolds Muskelpaketen durchaus mithalten könnte, und der Trail Bike Weltmeister Thomas Pechhacker.

Unser ganzes Leben ist im Sport ausgerichtet auf Olympische Spiele. Auf eine genaue Uhrzeit, ein Datum. Da führt kein Weg daran vorbei, dass genau hier die Leistung abgerufen werden muss.

Lukas Weisshaidinger

„Es gibt keinen Plan B, wir können keinen anderen Weg gehen. Entweder gehen wir diesen Weg oder gar keinen. Wir sind gerade im Sport nicht auf Alternativen programmiert. Wenn wir etwas machen, dann sind wir in unseren Grundfesten davon überzeugt, dass das, was wir machen, Erfolg bringen kann. Wenn wir alles einem Erfolg unterordnen, dann ist es eben so, dass wir alles dransetzen, auch gewinnen zu können. Wir machen das über Jahre. Ganze Familienplanungen werden in die Zukunft geschoben. Geburtstagsfeiern, Events, Hausbauen, alles das stinkt gegen den Plan A ab. In unseren Randsportarten kämpfst du noch mit weit mehr Gegenwind als im Breitensport wie Fußball oder Tennis. Da ist der Fokus auf einen Plan A umso wichtiger, um nicht beim ersten Gegenwind schon umzufallen.“, so Pechhacker. „Wir trainieren einzig für den Sieg. Was zum Schluss rauskommt, hat auch mit unserer Tagesform, Verfassung oder Glück zu tun. Das gehört auch dazu – mal mehr, mal weniger. Was wir im Sport aber nicht haben dürfen, ist ein Fragezeichen.“

Die Sache mit den Entscheidungen

Was es für die Verwirklichung deines Plans A braucht, sind klare Entscheidungen.

Ein „Ja“ oder ein „Nein“.Nichts dazwischen. „Jein“ ist zurecht kein Wort. Es ist ein Zustand. Einer, der dir nicht guttut.

Wieso eine einzige Entscheidung wichtig ist

Wann ist etwas genug? Einen Kilometer zu laufen, ist das genug? Ja? Und wie ist es dann mit 900 Metern? Wann ist es nicht mehr genug? Es ist eine Frage der Entscheidung. Das Gleiche kannst du auch auf deine Umsetzung des Plans A umlegen. Wenn du einmal „danebenhaust“, wird nichts passieren. Du setzt deinen Weg fort, die Reise geht weiter. Wenn du mehrere Entscheidungen triffst, die deinem Plan A widersprechen, wirst du irgendwann einmal an einem Punkt ankommen, an dem der Fokus weg ist. Je nach deiner Mentalität und deinen eigenen Umständen kann das schnell oder langsam passieren. Das heißt, dein Plan A kann mehr oder weniger resilient gegen solche Umwege sein.

Sagen wir, du möchtest die Welt mit deinem Design verändern. Bist vielleicht gerade mittendrin in einem großen Projekt. Da bekommst du den Anruf eines Kunden, der dich für eine schnelle Sache braucht. „Nur ein paar Flyer gestalten.“ Sie müssen nicht einmal schön, aber dafür schnell fertig sein. Die Bezahlung ist solala, aber Geld ist es doch auch ... was tun?

Aus Sicht des Fokus ist die Antwort klar: Solange es nicht ums finanzielle Überleben geht, sollte die Antwort auf diese Anfrage ein klares „Nein“ sein.

Auch das hat wieder sehr viel mit Loslassen zu tun. Damit, ins Vertrauen zu gehen und sich aufs Wesentliche zu konzentrieren, anstatt Hansdampf in allen Gassen spielen zu wollen.

Freiheit und Ordnung

Wären wir zu Gast im Mittelalter, würden wir uns über die engen Horizonte und den rohen Sprachgebrauch wundern. Wir würden uns in einer Gesellschaft wiederfinden, die hinter allem das Werk des Teufels vermutet. Es gab kaum freie Berufswahl, freie Meinungsäußerung war lebensgefährlich und man musste den Anführern gehorchen. Das antike Griechenland war ebenfalls geprägt von Unterdrückung und Sklavenhaltung. Hört man sich Reden der Politiker oder Interviews aus dem frühen 20. Jahrhundert an, so merkt man, dass die Aussagen irgendwie einer Schablone ähneln: unfrei und gehemmt. Oder pathetisch und beeinflussend.

Wir vergleichen unseren heutigen Horizont mit falschen Parametern. Denn nie zuvor hatten wir solche Freiheiten, uns zu entscheiden.

Wem aber die Sicherheit als einzige Orientierungsboje im Fluss der Entscheidungen dient, dem wird es schwerfallen, sich für den Gedanken der freien Entscheidung zu öffnen. Es dominiert dann immer das Gefühl des Gefangenseins in jeder Entscheidung. Zudem haben sich viele ihr Leben so dermaßen luxuriös ausgestattet, dass es ihnen geradezu absurd erscheint, etwas davon aufs Spiel zu setzen. Aber auch Ketten aus Gold binden. Doch was ist der Preis fürs Aufgeben oder Dranbleiben?

Das Reisen als gedankliche Ordnung für deinen Plan A

Freiheit setzt die Fähigkeit voraus, allein sein zu können.

Erich Limpach, deutscher Dichter

Deshalb reise ich so gerne allein. Und wenn es einmal kein Abenteuer in der Wildnis des Nordens ist, bin ich durchaus glücklich, mich im Urlaub einfach nur an der italienischen Adria mit „un café e un'ombra" zu erholen. Also nicht zu sehr fordern, denn damit behält mein Unterbewusstsein die Kontrolle. Ich muss nicht viel denken, kann einfach mal faul sein. Dann aber spüre ich wieder den Drang zu reisen und die Welt aus einer neuen Perspektive zu entdecken – das Abenteuer ruft! Das ist es, was unser Bewusstsein auf den Plan ruft. Wir müssen auf Unvorhergesehenes achten, spontan und rasch reagieren oder einfach improvisieren – wie du wahrscheinlich schon gelesen hast. Aber nicht falsch verstehen. Beim Reisen gibt es kein Richtig oder Falsch. Als Familienvater kann es beispielsweise durchaus angenehm sein, wenn alles vorherseh- und planbar ist.

Zu wissen, dass die Kids beschäftigt sind, während du Stätten, Ruinen, Plätze aus dem Reiseführer besuchen kannst, hat seinen Reiz für dein Unterbewusstsein. Alles hat seine Ordnung, ist geregelt, ist klar und übersichtlich. Zugegeben, die Atmosphäre an bekannten Touristendestinationen ist immer etwas künstlich. Aber viele sind damit zufrieden, so zu reisen. Wir wollen damit unsere vorgefassten Ansichten bestätigt sehen. Wir wollen ein Foto von der Tower Bridge, nur um zu beweisen, dass wir dort waren.

Warum ist diese Art des Denkens und Reisens so angenehm? Warum drängeln wir uns an nichtssagenden Orten/Stätten/Ruinen? Wonach suchen wir wirklich? Wenn wir, wieder zu Hause angekommen, Freunden und Familie von unserer Reise erzählen, werden wir oft gefragt, ob wir dieses und jenes auch gesehen haben. Wenn wir verneinen müssen, dann erleiden wir nachträglich ein Gefühl von Verlust. Wir glauben, etwas verpasst zu haben.

Genau diese Art des Reisens schwächt uns.

Kommen dann noch Stau, Flugverschiebungen, Verspätungen, Ausfälle, Unfälle etc. dazu, oder du hast die Familie da, die Kids sind hungrig, die Hitze unerträglich, der Guide nicht auffindbar, das Taxi vor der Nase weggefahren ...

Wenn dich allein der Gedanke daran schon stresst, wäre eine Reise angesagt – allein und ohne Plan. Um das Bewusstsein zu fordern und deine Lösungskompetenz in Entscheidungen zu steigern.

Q(W)ahl

Mit zunehmender Komplexität unseres Lebens steigen auch die damit verbundenen (Q)Wahlmöglichkeiten. Das ist jedoch zumeist keine Freiheit, die wir gestalten können, sondern wird eher als eine Art innerer Zerrissenheit erlebt, als Unsicherheit oder lähmende Orientierungslosigkeit.

„Die Äpfel in Nachbars Garten, das Gras drüben ist immer grüner, warum nicht ganz was anderes machen, beim nächsten Job wird alles besser..."

Es sind die inneren Monologe und die unzähligen Interessen, die es schwer machen, Prioritäten zu setzen. Wie das Zappen durch die TV-Kanäle. Die Entschiedenheit fehlt, die Angst, etwas zu verpassen, ist groß. Man nennt dieses Phänomen FOMO-Effekt. „Fear of missing out". Wir brauchen das Kribbeln, wenn unser Handy blinkt, bimmelt und vibriert. Und bei jeder kleinsten Zuckung greifen wir automatisiert wieder hin, nur aus Angst, etwas zu verpassen. Wir sind Lakaien unseres Geräts ohne jegliche Freiheit.

Manchmal hilft es, sich von Zeit zu Zeit zu fragen: Bin ich noch auf dem richtigen Spielfeld? Leiste ich aktuell einen echten Beitrag?

In meiner Zeit im Vertrieb eines bekannten Getränkekonzerns hatte ich den Teamleiter eines anderen Teams bei einer sehr mutigen Entscheidung beobachtet. Er fragte sich genau diese Fragen. Er liebte es, bei Kunden zu sein, direkten Kontakt mit ihnen zu haben, die Gespräche mit ihnen zu führen, die Zeit „auf der Straße" auch mal allein unterwegs zu sein und die Verantwortung für die persönliche Weiterentwicklung selbst in der Hand zu behalten. Aus diesem Grund ging er VON SICH AUS eine Stufe retour und verzichtete auf die lang angestrebte Teamleiterfunktion. Er war vorher nicht frei und war innerlich zerrissen, und quälte sich durch einen eigentlich tollen Job. Aber eben nicht für ihn. Diese mutige Entscheidung, etwas aufzugeben, weil man merkt, man ist nicht auf dem richtigen Spielfeld, hat etwas mit konsequenten Entscheidungen zu tun.

„Versuchen wir es mal!“

„Du sollst es nicht versuchen, du sollst es machen“, sagte einer meiner Vorgesetzten in einer Werbeagentur vor vielen Jahren zu mir. Ein Satz, der mir seitdem immer wieder in den Ohren klingt. Denn ein „Versuch“ bedeutet, die Verantwortung einer klaren Entscheidung zu vermeiden. Also Ohren auf, wenn sich deine Kollegen mit den Worten „klar doch, ich versuch's mal“ aus einem Projekt rauswinden wollen. Genau gedacht, gibt es den Versuch im Sinne des Lebens nicht. Du tust etwas, oder tust etwas nicht – Punkt aus. Die Strategie „versuchen“ wird entsprechend häufig benutzt, um Passivität und mangelnde Entschiedenheit zu verschleiern. Meiner Erfahrung nach wird sehr oft dann von „versuchen“ gesprochen, wenn jemand eigentlich „nein“ sagen will, aber die Konsequenzen der Klarheit fürchtet. So war es bei mir auch mit diesem eingangs erwähnten Satz – ich wollte nicht, also sagte ich: „Versuchen wir es mal!“

Es fährt kein Zug nach Nirgendwo

Für deinen Plan A ist es nicht entscheidend, was du wählst, sondern dass du wählst. Abwarten ist Stillstand und dieser bedeutet Rückschritt. Manchmal ist es sogar besser, eine schlechte Entscheidung zu treffen als gar keine.

Aus einer vermeintlich falschen Entscheidung kann Gutes entstehen. Schlimmstenfalls kannst du daraus etwas lernen. Aus keiner Entscheidung lernst du höchstens, wie es sich anfühlt, im Gedankenkarussell gefangen zu sein. Damit blockierst du dich selbst. Als ob du nicht in den Zug einsteigst, aber auch nicht am Bahnhof stehen bleibst. Ein Fuß drinnen, ein Fuß draußen. Wenn du draußen bleibst, kannst du mit einem anderen Zug fahren. Steigst du ein, kommst du schlimmstenfalls in eine andere Gegend als geplant. Wenn der Zug losfahren will und du blockierst ihn, bekommst du im besten Fall Ärger. Aber was passiert, wenn du dich gar nicht entscheidest und der Zug losfährt?

Von Chronos zu Kairos

Unser Leben besteht aus verpassten und genutzten Chancen. Chronos kennen wir aus der antiken griechischen Mythologie als den eigentlichen Gott der Zeit. Der, der unser Handeln in einen chronologischen Rahmen fassen lässt. Es gibt aber noch einen zweiten Gott der Zeit – weit nicht so bekannt, dafür umso elementarer, wenn es um Entscheidungen geht: Kairos. Das ist der personifizierte Begriff für den günstigen Zeitpunkt einer Entscheidung, dessen ungenutztes Verstreichen nachteilig sein könnte.

Kairos war völlig nackt und hatte nur Flügel am Rücken und an den Füßen sowie eine lange Haarpracht.

Daher die Redewendung „die Gelegenheit am Schopf packen". Wir erleben täglich 86.400 Sekunden und damit mögliche Momente, in denen wir uns entscheiden müssen. Diese zur Verfügung stehenden Sekunden kommen nicht mehr zurück. Das musste auch ich lernen.

In meiner ersten Zeit im Marketing organisierte ich auch ein paar Events. Bei einem davon fiel eine Stunde vor Beginn der Moderator aus, weil er einen Autounfall hatte. Ich kannte den Ablauf ganz genau und hatte alles im Kopf. Darum bat mich der Kunde, mich mit Mikro und Notizzetteln vor die 200 Gäste zu stellen und zu moderieren. Ich zögerte, entschied mich dann aber dafür. Dieser erste Auftritt auf einer Bühne ist 15 Jahre her.
Hätte ich zu Beginn meiner Laufbahn diese Gelegenheit nicht genutzt – wer weiß, vielleicht würden dieses Buch, mein Job, oder ich, so wie ich heute bin, gar nicht existieren.

Selbstverantwortliches Entscheiden

Ich habe die folgende Geschichte in einem Vortrag so gehört. Ob sie wirklich stimmt, kann ich nicht sicher sagen. Aber auch wenn nicht, ist sie wirklich gut.

Ein Mitarbeiter kommt zu seinem Chef und sagt, dass er in diesem Fall eine Entscheidung wirklich nicht allein treffen könne. Amüsiert fragt der Chef darauf freundlich: „Wenn ich das für Sie entscheide, kostet sie das 1.200 Euro. Die ziehe ich Ihnen in zwölf Raten von Ihrem Gehalt ab – dafür, dass ich Ihren Job mache!" Der Mitarbeiter lacht und hält es für einen Scherz. Bis zur Gehaltsabrechnung.

Wir brauchen die Freiheit von unserem Gedankenkarussell. Je unabhängiger wir agieren können, desto zufriedener sind wir mit unserem Leben. Doch mit der Freiheit, selbst zu entscheiden, muss man erst einmal umzugehen lernen. Der amerikanische Psychologe Martin Seligman hat bei Versuchen mit Tieren herausgefunden, dass Anzeichen einer Depression mit jenen erlernter Hilflosigkeit gleichzusetzen sind. Wir haben im Lauf des Lebens bedingt durch unser Umfeld die Überzeugung entwickelt, dass wir hilflos sind. „Da kann man nichts machen!" Das ist in Worte gefasste Hilflosigkeit.
Damit haben wir uns zugleich die Fähigkeit abgesprochen, Dinge selbst zu beeinflussen. Mit der Konsequenz, dass irgendwann dein Glaube an dich selbst verloren geht. Du gehst nicht mehr aus dir raus, bewegst nichts Neues und wirst immer kleiner in deiner eigenen Wahrnehmung.

Buridans Esel

„Buridans Esel“ ist eine philosophische Metapher des persischen Philosophen al-Ghazali (1058–1111). Er beschreibt folgende Situation, die auf logischer Basis keine Lösung beinhaltet:

„Ein Esel steht zwischen zwei gleich großen und gleich weit entfernten Heuhaufen. Er verhungert schließlich, weil er sich nicht entscheiden kann, welchen er zuerst fressen soll.“

Geht es dir wie dem armen Esel, sobald Entscheidungen anfallen? Nichts ist besser oder schlechter. Also verfallen viele Menschen in Starre und nichts ändert sich. Bis sie irgendwann traurig auf ihr vergeudetes Leben zurückblicken und sich fragen, ob es denn wirklich so schwer gewesen wäre, sich für sich selbst zu entscheiden.

Die australische Palliativkrankenschwester Bronnie Ware hat vor ein paar Jahren einen Bestseller auf den Markt gebracht. Der Titel, der für sich spricht, lautet: „5 Dinge, die Sterbende am meisten bereuen“.

An erster Stelle steht: „Ich wünschte, ich hätte den Mut gehabt, mein eigenes Leben zu leben.“ Auch das ist eine Entscheidung.

Noch ein Wort zu Entscheidungen

Die Entscheidung, die du am meisten fürchtest, ist meist jene, die dich wirklich weiterbringen würde. Warum? Weil die Angst vor der eigenen Größe, die Angst vor dem Erfolg und die Überraschung darüber, dass wir mutig sein können, in den meisten von uns wesentlich stärker ausgeprägt ist als die Angst vor dem Versagen. Daher ist es wichtig, den Ursprung deiner Angst herauszufiltern und zu erkennen.

Erst ranfliegen

Ein guter Freund von mir ist Pilot auf der Arabischen Halbinsel. Einer der jüngsten Piloten, die es ins Cockpit der Premiumfluglinie geschafft haben. Und er sagte etwas, das mich umdenken ließ.

„Erst ranfliegen ans Gewitter, dann entscheiden, was zu tun ist."

Wir machen uns meist davor schon Tausende Gedanken, was alles sein könnte. Das Gewitter könnte noch vorbeiziehen, man kann vorbei- oder drüberfliegen. Aber manche Piloten bekommen oftmals schon Panik, wenn sie die rote Gewitterzelle am Radar sehen, und wollen frühzeitig ausweichen. Nur um dann zu merken, dass sich das Gewitter weit unter ihnen befindet und sie nicht einmal den Kurs wechseln hätten müssen.

Ich kenne diese Situation selbst nur zu gut. Wie oft habe ich mir das Wochenende versaut mit Gedanken, was sein könnte, wenn ich am Montag eine wichtige Präsentation, oder einen Vortrag hatte. Was ist, wenn ich nicht überzeuge, etwas ausfällt und und und... Eine gesunde innere Distanz hilft dir hier. Wenn du dir das nächste Mal schon im Vorfeld solche Gedanken machst, sage ganz laut zu dir selbst: „Halt!" Das bringt deinen Kopf wieder zur Vernunft. Sonst versauen wir uns das ganze Leben mit solchen Gedanken, noch bevor wir eine Entscheidung treffen.

Die perfekte Option

Die perfekte Option ist eine Illusion, der perfekte Zeitpunkt kommt nie. Zu langes Nachdenken und Abwägen führen zur Stagnation und bremsen dich ein. Denk daran: Der Weg besteht nicht nur aus einer Abzweigung, du kannst immer wieder einmal einen Schlenker machen. Doch Schlenkern kannst du am besten aus der Bewegung heraus. Denk an ein Auto: Wenn es mit abgeschaltetem Motor dasteht, lassen sich die Reifen nur sehr schwer in eine andere Richtung drehen. Rollt es jedoch, ist das Lenken ein Kinderspiel – selbst ohne Servolenkung! Alles, was du unterwegs sammelst, sind Erfahrungen. Und selbst, wenn du einmal hinfällst, kannst du anderen wenigstens sagen, wie der Boden schmeckt.

Wie du schnelle Entscheidungen treffen kannst

In der Herangehensweise bei schnellen Entscheidungen passieren uns immer zwei große Fehler:

Fehler 1: Beim Einschätzen der Erfolgsaussichten

Kritische Menschen sagen dem Lottospieler nach, er bezahle die Deppensteuer. Und sie haben nicht ganz unrecht: Wir werden durch Bilder getriggert und lassen uns hohe Erfolgsaussichten suggerieren. Die Wahrscheinlichkeit, dass du diesen Lottoschein im Klo runterspülst und danach wiederfindest, ist höher, als im Lotto zu gewinnen. Dennoch spielen so viele, weil wir tatsächlich nur die Gewinner und die Möglichkeiten eines Gewinns sehen – all die Verlierer jedoch nicht. Wir werden ausschließlich auf die „große Chance“ zu gewinnen gepolt.

Fehler 2: Beim Einschätzen des Werts unserer Entscheidung.

Was würdest du sagen, wenn ich dir eine Tüte Chips um 15 Euro anbiete? „Nein!“ – klar doch. Wir vergleichen das, was wir sonst mit diesem Geld machen könnten.

Nun bist du auf einer Reise, in einer völlig abgelegenen Gegend kommst du zum Stehen. Ein einziger Reisebus quert deine Straße, der Busfahrer hält an und bietet dir diese Tüte Chips an. Plötzlich könnte das ein ganz gutes Geschäft sein, oder? Das ist ein systematischer Fehler in Entscheidungsfindungen. Wir entscheiden uns, ohne den gesamten Kontext verstanden zu haben. Wir vergleichen mit unserer Erfahrung. Diese sagt uns, dass eine Tüte Chips nicht mehr wert sein kann als zwei Euro.

Piloten entscheiden nach dem FORDEC-Prinzip

Deshalb sind etwas Struktur und Ordnung durchaus hilfreich, um in Zukunft Entscheidungen treffen zu können.
Mit dem FORDEC-Prinzip von Piloten bietet sich dir ebenso ein gutes System zur Entscheidungsfindung:

F-acts: Was ist das Problem, die Ursache, die Situation?

O-ptions: Welche Handlungsmöglichkeiten haben wir?

R-isk: Welche Risiken hat jede Option? Was könnte jede Option bewirken?

D-ecision: Was tun wir auf Basis dessen?

E-xecution: Was sind die Schritte? Wer tut was?

C-heck: Verbessert sich unsere Situation?
Was sind weitere Auswirkungen, Lernpunkte daraus?

Adlerholz – wie wir von vermeintlichen Fehlentscheidungen profitieren können

Adlerholz bildet ein bei Parfümeuren äußerst beliebtes Harz. Wenn die Bäume dieser in Südostasien wachsenden Laubbaumfamilie verletzt oder von Pilzen befallen werden, entsteht in ihrem Inneren ein dunkles, wohlriechendes Harz. Dieses Harz wird so hart und dicht, dass es nicht einmal auf der Oberfläche von Wasser schwimmt.

Warum mir diese Geschichte so in Erinnerung geblieben ist? Eine befreundete Parfümeurin hat sie mir erzählt – in einer Situation, in der ich so eine Geschichte dringend brauchte. Ich hatte gerade meinen ersten Job gekündigt und wusste nicht genau, wie es weitergehen soll.

In diesem Moment wollte ich Adlerholz werden! Ich wollte, dass die negative Erfahrung etwas sehr Wertvolles und Einzigartiges in mir bildet, das mir später von Nutzen sein würde. Denn auch wir Menschen wachsen mit jeder Entscheidung und jeder neuen Erfahrung – egal, wie sie ausgehen. Und wenn wir wollen, können auch wir diese mit der richtigen Sichtweise in Adlerholz verwandeln.

Double Bind

Der Anthropologe und Kommunikationsforscher Gregory Bateson prägte den Begriff des „Double Bind" – die Doppelbindungstheorie. Kurz gesagt charakterisierte er damit das Phänomen zweier sich gegenseitig ausschließender Botschaften, die der Empfänger nicht beide ausführen kann und die ihn daher lähmen. Bei diesen Botschaften kann es um den Inhalt der gesprochenen Worte oder den Tonfall gehen, aber auch um Gesten und Handlungen. Im Kontext des Business bedeutet das: Wenn Unternehmen widersprüchliche Botschaften und Leitbilder entwickeln, sind die Mitarbeiter völlig überfordert und wissen nicht, woran sie sich orientieren sollen.

Im übertragenen Sinn kann man das Prinzip der Doppelbindungstheorie auch auf Entscheidungen anwenden: Ein wenig davon, ein wenig hiervon – so entsteht eine Unfähigkeit zur Entscheidung, mit der unser Kopf auf Dauer nicht klarkommt.

Durch diesen inneren Konflikt verpassen wir oft günstige Gelegenheiten. Die Gefahr liegt darin, nichts zu erreichen, weil wir alles erreichen wollen. Das gefährdet das Selbstwertgefühl und es werden Abwehrmechanismen aufgebaut. So beginnt eine Abwärtsspirale: Je weniger wir uns zutrauen, desto mehr ziehen wir uns zurück. Es ist eine Krise der inneren Botschaften, die uns in eine gedämpfte Resignation fallen lässt. Eine Krise der Glaubwürdigkeit eigener Entscheidungen. Dieser Dauerspagat wird selbst für die Besttrainierten irgendwann schmerzhaft.

Auch in den Botschaften verschiedener Vertriebsabteilungen spiegelt sich diese Zweischneidigkeit stark wider. In den letzten Jahren versucht man sich immer mehr von der Keiler- und Drückermentalität zu distanzieren. Stattdessen wird mit großem medialen Aufwand gepredigt, dass die Verkaufsteams kundenorientiert agieren sollen, wie wichtig eine tiefe Kundenbindung und saubere Bedarfsanalyse ist. Auf der anderen Seite soll der Markt erobert, Produkte rausgebracht, das Zeug unter die Leute gebracht werden, nur um Gewinne zu erzielen. Die Verkäufer stehen da und wissen nicht, welchem Stern sie folgen sollen.

In diesem Wirrwarr an Gedanken kann einem schon mal schwindelig werden. Wer dieses Kabarett dann doch endlich durchschaut – und das tun mittlerweile viele – geht auf Distanz. Einerseits vom Unternehmen, andererseits aber auch von sich selbst, wenn es keinen anderen Ausweg mehr gibt. Du darfst dich also nicht wundern, wenn sich diese manipulativ immer wieder wechselnden Botschaften auch irgendwann auf deinen Gemütszustand auswirken: Aus der Psychotherapie weiß man, dass Doppelbindungen Depressionen verursachen können.

„Double Bind“ ist eine Art unaufrichtiger Kommunikationsstrategie. Selbsttäuschung von zielgerichtetem Handeln, dort, wo gar keines ist.

Gesundes Risiko

Die USA waren unterwegs zum Mond, ein 1961 vom damaligen Präsidenten John F. Kennedy ausgerufenes Jahrhundertprojekt, das gut geplant angegangen wurde. Es handelte sich dabei aber keineswegs um ein Weltraumabenteuer, sondern vielmehr um kalkuliertes Risiko und eine großartige Vision „In ten years we will have a man on the moon!”. Das Ergebnis kennen wir alle. Etwas zu riskieren, ist also de facto nichts Schlechtes! Ganz im Gegenteil!

Wenn man nichts riskiert, schlägt das Schicksal zu! Wer sich zu sehr absichert, läuft der Gefahr erst recht entgegen. Es ist daher viel riskanter, nichts zu riskieren.

Im Motorsport spricht man gerne von der Kampflinie. Nicht ideal, sondern direkt um die Kurve. Das ist Freude am Leben! Menschen, die öfter Risiken eingegangen sind, können diese auch besser einschätzen. Denn nur, was du selbst erfahren hast, ist echtes Wissen.

Mit dem Strom

Um den Fluss des Lebens entlang zu steuern, kannst du natürlich Dämme und Wälle bauen, um allem vorzubeugen, was an Gefahren auf dich zukommen könnte. Aber wäre es nicht besser, die Energien des Stroms aufzunehmen, als gegen ihn zu schwimmen? Andersdenker und Pioniere schwimmen nicht gegen den Strom. Sie wissen, wie sie Energien in die für sie richtigen Richtungen lenken können.

Wenn wir starr überzeugt vom Sicherheitsdenken agieren, sind wir unbeweglich wie ein Stück Holz. Aus der Naturwissenschaft weiß man, dass ein lebendiger Organismus, der nicht flexibel ist, ausstirbt. Die ständig wechselnden Umweltbedingungen können nicht mehr ausgeglichen werden – denn ohne Anpassung kein Überleben.

Argumente wie „Ja, aber...", „Wo kämen wir denn dahin, wenn...", „Nein, weil..." werden dir auf deinem Weg oft begegnen. Aber das ist nicht das Denken eines Ermöglichers, das sind die Stimmen der Verhinderer! Das ist die Rückbildung vom Schmetterling zum Kokon. Lieber wieder rein in die Wiege. Das Geheimnis gesunden Risikos in Entscheidungen lautet: „Warum nicht?"

Meine größten „Warum nicht"-Phasen betrafen die beruflich bedingten Umzüge. Der erste Umzug mit knapp 19 Jahren ging nach Wien. Eine Katastrophe. Nicht wegen des Berufs, nicht wegen der Stadt oder der Menschen. Schlicht ein Kulturschock für ein Landei wie mich. Völlig naiv auf den Weg gemacht, um „die Welt zu erobern". Das Ergebnis war das wieder eingerichtete Kinderzimmer im geliebten Elternhaus nach nur wenigen Monaten.

Im Altgriechischen bedeutet das Wort „Katastrophe" lediglich „Wendung". Eine Art Umkehrpunkt im Leben. Und den hat es auch mit dem zweiten „Warum nicht"-Schritt bei mir gegeben. Auch wieder mit einer Portion Mut und zwei Portionen Verrücktheit zog ich in ein Dorf nahe der oberösterreichischen Stadt Schärding. Aus einem nur beruflich bedingten und als kurzen Zwischenstopp in meiner „Welteroberungs-Phase" gedachten Schritt wurde mein heutiger Lebensmittelpunkt mit Freunden, Familie und beruflichem Wandel. Der Start in mein neues Leben begann damals mit der Frage: „Warum nicht?".

Zur Erinnerung: Du findest auf meiner Webseite jede Menge Ressourcen, Inputs und Übungen. Der Link bzw. QR-Code steht im Anhang.

Der unbedingte Wille

Müssen nur wollen – oder?

Einer meiner persönlichen Lieblingssongs – zumindest unter den Top 10 – ist „Müssen nur wollen" von Wir sind Helden. Der Song zeigt auf, wie es genau nicht geht. Müssen wir immer „nur" etwas wollen? Und geht „wollen müssen" überhaupt? Anstatt zu den von der Gruppe zitierten „gut dressierten Affen" zu gehören, wäre es besser, in uns hineinzuhören:

Was will ich?

Wohin zieht es mich?

Denn dann „musst" du nicht mehr wollen, dann hast du den natürlichen Sog in die für dich richtige Richtung.

Unser Unglücklichsein entsteht zum größten Teil daraus, dass ein Vakuum besteht zwischen dem, was wir unbedingt wollen und dem, was wir bekommen. Meistens ist das genau der Game-Killer: dieses unbedingte Wollen. Es ist ähnlich wie im Leistungssport. Ein Muskel braucht Entspannung, um wieder voll leistungsfähig zu sein. Die Power kommt im wahrsten Sinne des Wortes auf der Couch nach der Anstrengung. Bekommt er die Entspannung nicht, verliert er Power oder verkrampft sich. Die Folge ist, dass sich der Muskel zurückbildet. Diese unbedingte Verbissenheit ist in jeder Lebenslage kontraproduktiv. Wir brauchen keine „Macher"-Plattitüden.

Der unbedingte Siegeswille ist nur ein kurzes Aufflackern von Motivationskraft. Auch das Wollen im Kopf wird uns nicht über den gesamten Zeitraum einer Laufbahn begleiten können. Dafür ist es zu kurzlebig und kostet viel zu viel Energie. Daher brauchen wir unsere Vision, unser großes „Warum".

Meine persönliche Erkenntnis aus den letzten Jahren lautet: Die wichtigsten Eigenschaften, um dauerhaftes Lebensglück zu finden, sind nicht Ehrgeiz und unbedingter Wille, sondern das Wiederfinden von Kreativität, leidenschaftliche Liebe und das Reisen, um der Neugier Antrieb zu geben und mit neuen Ideen über den Tellerrand blicken zu können.

Die wirklich glücklichen Menschen, die ich kennenlernen durfte, führen ein gänzlich ausbalanciertes Leben. Niemand kann acht oder gar mehr Stunden am Tag Leistung auf höchstem Niveau erbringen. Sonst wird aus Kreativität und schöpferischer Kraft eine ziemlich rasch erschöpfte Kraft.

Commitment

Die Kunst im sensiblen Umgang mit dem „unbedingten Willen“ liegt in der Sprache: Verkäufer, die Kunden besuchen müssen, Berater, die einen Kunden an der Theke bedienen müssen. Nichts beeinflusst uns und unser Denken so sehr wie das gesprochene Wort.

Daher ist es sinnvoller, dir zu überlegen: Warum tust du etwas? Musst du es tun? Oder hat es Gründe, warum du etwas tust? Es geht um Eigenverantwortung. Alles, was du musst, tust du nicht freiwillig, es ist Zwang dahinter.

Commitment ist die Einstellung, eine Aufgabe nicht als Last, sondern als Lust – oder zumindest als sinnvoll – zu erleben. Von der Fremdbestimmung hin zur Eigenverantwortung bzw. einem Versprechen sich selbst oder anderen gegenüber. Also „wollen“ in einem gesunden Ausmaß.

Commitment ist, wenn dir egal ist, wer das Lob erntet. Akzeptanz ohne Ego. Du wirst vielleicht denken, „ganz schön blöd“. Aber wer etwas nur tut, um dafür belohnt zu werden, ist ständig vom Außen abhängig. Wir geben also die Macht über unser Leben in die Hände anderer. Wenn ich als Speaker z.B. meine Arbeit nur mache, um Applaus zu ernten, muss ich damit rechnen, dass ich oft enttäuscht nach Hause gehe. Denn Applaus hängt nicht nur von meiner Performance ab, sondern auch von vielen anderen Umständen. Gehe ich auf der anderen Seite für mich selbst auf die Bühne, kann ich den Auftritt als solchen genießen und der Applaus kommt von ganz allein.

In meinen Seminaren frage ich gerne, was die Teilnehmer unter Commitment verstehen. Es folgen Antworten wie: Einsatz, Verbindlichkeit, Hingabe, Engagement.

Ich höre oft Geschichten von Verkäuferinnen, die Sonntag frühmorgens ihrem Kunden das versprochene Paket vor die private Haustüre stellen, damit er seinen Flieger rechtzeitig erreicht, von Kollegen, die in völlig fremden Abteilungen aushelfen.

Aber alles ohne Haschen nach Anerkennung und Lob. Wer nur das im Kopf hat, ist nicht mehr echt. Wahres Engagement kennt kein Morgen, sondern nur das Hier und Jetzt.

Committed zu sein, bedeutet allerdings nicht, dass wir automatisch alle beruflichen und privaten Probleme ad acta legen können. Was jedoch passiert: Die Kontrolle wandert von außen nach innen. Wir sind wieder selbst ermächtigt, unser Wollen in die richtigen Bahnen zu lenken.

Mein Weg zum Commitment

Ich selbst wusste lange Zeit nicht so recht wohin mit mir und meinen Fähigkeiten – bis zu dem Zeitpunkt, als mir mein eigener Plan A klarer wurde. Die ersten Schritte ins Trainerbusiness waren rückwirkend betrachtet mein Start ins bewusstere Leben.

Erst dadurch wurde mir bewusst, warum ich für das Erledigen mancher Aufgaben gerne bis tief in die Nacht arbeite. Wofür ich auch finanzielle Risiken in Kauf nehme, Ausbildungen absolviere oder andere lukrative Angebote ausschlage. Dieses Commitment habe ich für mich gefunden.

Dazu gehört aber wie so oft eine Wanderung über Berg und Tal. Erfahrungen, die man nicht gerne macht, die mir aber auf meinem Weg dazu verhalfen, den Plan A zu entwickeln und zu verfeinern. So war ich z.B. Key Account Manager eines großen Bäckereiunternehmens. Ich durfte netzwerken, verhandeln, präsentieren, Strategien entwickeln und hatte die Möglichkeit – soweit dies ein großes Familienunternehmen zulässt – meine Aufgaben komplett frei zu gestalten. Trotzdem musste ich nach kurzer Zeit feststellen, dass dieser Beruf nicht meiner Herzensentscheidung entsprach.

Entscheidend waren Aussagen von Freunden wie: „Na, jetzt hast du es aber endlich geschafft!“ In mir drinnen fühlte es sich jedoch nicht so an. Die Diskrepanz im Kopf wurde letztlich so stark, dass ich die Reißleine zog. So schwer dieser Schritt auch war und so wenig ich auch diesmal wieder von Freunden, Familie und Bekannten verstanden wurde – ich war zutiefst überzeugt, das Richtige zu tun. Was daraus entstanden ist, ist mein heutiges Business und dieses Buch.

Auch du hast die Wahl!

Meine persönlichen Prioritäten haben sich früher immer wieder verschoben. Als Kompensation für meine berufliche Orientierungslosigkeit investierte ich meine Energie über lange Zeit in meinen privaten Bereich.

Ich wollte wissen, wie die Dinge im Leben funktionieren, wollte die Welt verstehen und bereisen, verlor dabei aber den beruflichen Aspekt völlig aus den Augen. Wenn du allerdings überlegst, dass wir etwa ein Drittel unseres Lebens mit dem Beruflichen verbringen, wäre es nicht von Nachteil, auch diesen Bereich in deinen Plan A miteinzubeziehen.

Der Mensch kann zwar tun, was er will,
aber er kann nicht wollen, was er will.

Arthur Schopenhauer, deutscher Dichter

Teil 3
Was du sonst noch wissen solltest

Was du sonst noch wissen solltest

Fehler

„Scheiß auf Plan B" – das bedeutet auch, manchmal Schritte zu machen, die nicht 100-prozentig durchgeplant sind. Doch vielleicht sollten wir zuerst einmal klären, was der Unterschied zwischen einem Fehler und einem Fehlschlag ist.

„Failure", also der Fehlschlag, ist das Misslingen aus einem Wunsch nach Weiterentwicklung heraus. Der Wunsch, etwas Neues zu probieren und damit etwas zu verbessern. Beispielsweise der Installateur, der bei einem Kunden etwas Neues probiert, um Zeit zu sparen, aber dann doch drei Stunden länger braucht.

Wenn derselbe Installateur aber einen Wasserschaden verursacht, weil er nicht aufgepasst hat, dann ist das ein Fehler – der sollte nicht passieren. Im Englischen spricht man von einem „mistake" oder „error". Klingt wie Wortklauberei, ist aber ein massiver Unterschied.

Wo gehobelt wird, fallen Späne

Finde dich damit ab: Wo gehobelt wird, fallen Späne. In Europa, insbesondere im deutschsprachigen Raum, haben wir damit noch unsere Probleme. Wir möchten makellos sein, keinem eine Gelegenheit geben, unsere Schwächen zu sehen oder gar anzuprangern. Wir streben nach dem Wunsch, immer die perfekte Lösung zu haben. In den USA hingegen ist „Fuck-up" durchaus ein Mittel, um zu zeigen: „Ich habe aus meinen Fehlern gelernt!" Hierbei zeigen Unternehmer auf unterhaltsame, selbstironische Art und Weise, wie sie gescheitert sind, und vor allem, welche Lehren sie daraus gezogen haben. Es gibt sogar eigene „Fuck-up-Nights", bei denen einzelne Unternehmer öffentlich über ihr Scheitern sprechen.

Langsam fasst diese Mentalität endlich auch bei uns Fuß. Es geht dabei nicht darum, stolz auf seine Fehler zu sein – das ginge zu weit. Es geht vielmehr um den richtigen Umgang mit Fehlern.

Sei dir darüber im Klaren: Nichts ist perfekt, niemals! Perfektion ist ebenso wenig realistisch wie das Bestreben einer jungen Frau, den Körper von Barbie zu bekommen – ein Ding der anatomischen Unmöglichkeit! Menschen und Unternehmen, die ihre Ecken glattbügeln, haben es im Leben meist sehr viel schwerer. Hier fehlen die Einsicht und Akzeptanz, dass das Leben bei uns manchmal Furchen hinterlässt, die uns zu dem machen, was wir sind: ein unperfektes Original. Aber manche Menschen leben lieber als Kopie.

Perfektionismus bedeutet Energieverlust

Wie viel Zeit brauchen wir, um einen Fehler zu korrigieren? Und wie lange brauchen wir, um eine Idee „perfekt" zu planen?

Meist steht das in keinem Verhältnis. Das heißt nicht, dass wir bedenkenlos einfach mal ein Medikament oder ein Kraftfahrzeug ungetestet auf die Menschheit loslassen sollen. Doch manchmal ist es besser, einfach mal einen „Testballon" abzuschicken, bevor wir auf den perfekten Launch warten.

DONE is better than PERFECT.

Getan ist besser als perfekt. Genauso wie Bewegung besser ist als Stillstand. Warum? Weil es „perfekt" nicht gibt! Perfektionismus ist ein unerreichbares Ideal, und wenn du darauf wartest, dass du etwas perfekt machst, wirst du es niemals machen. Du wirst niemals Bewegung in dein Business bringen.

Zielorientiert, anstatt auf Haltungsnoten bedacht

Der Weltrekord ist einer der begehrtesten Meilensteine des Skifliegens. Aktuell hält ihn der Österreicher Stefan Kraft seit 18. März 2017, der in Vikersund bei 253,5 Metern landete. Schön ist er sicher nicht gesprungen – aber weit! Und auch heute noch ist er mit dieser sensationellen Leistung in den Köpfen der Menschen. Hätte er zugunsten seiner Haltungsnoten auf Weite verzichtet, könnte sich heute keiner mehr an ihn erinnern.

Also: Ziel erreicht – Note egal!

Was kannst du machen?

Du kannst vor allem akzeptieren, dass du niemals perfekt sein wirst – was auch immer du tust! Und mach dir klar, dass Perfektion, ebenso wie alles andere, was du in diesem Buch liest, eine Reise ist und kein Ziel. Du kannst jeden Tag ein bisschen besser werden in dem, was du tust. Auf diese Art kannst du dich entwickeln, täglich ein bisschen was verbessern und zugleich mehr Zufriedenheit erreichen.

Das Beste daran? Eines Tages wirst du zurückblicken und sehen, dass du, was auch immer du gemacht hast, gute Resultate erzielt hast – vielleicht ist es aus deiner Sicht nicht das absolut perfekte Ergebnis, das du gerne gehabt hättest, aber es ist sicher besser als das, was du hättest, wenn du auf die Perfektionierung gewartet hättest. Was immer du gemacht hast, hat deine Fähigkeiten erweitert und du bist heute sicher besser, als du es jemals zuvor warst!

Perfektionismus hindert uns an der Umsetzung unseres Plan A

Wir Menschen sind Gewohnheitstiere. Unser Gehirn ist uns dafür dankbar, da es mit wenig Überlegen viel Energie sparen kann. Aber wir sind auch Erwartungstiere. Wir haben Erwartungen an unser Leben. An unseren Partner, Job, Chef – sogar an unseren Hund. Wir wissen genau, wie unser Leben aussähe, wäre es „perfekt“. Doch da spielt unser Leben nicht immer mit …

> In meinem ersten Job als Kundenberater einer Werbeagentur sagten meine damaligen Chefs immer zu mir: „Du stirbst in Schönheit!“
>
> Was sie damit meinten, wurde mir schnell klar: Jeder Strich der Präsentation, jeder Satz und jeder Pitch sollten perfekt sein. Allerdings weniger aus perfektionistischen Gründen – ich hab‘s leider wirklich nicht so mit Detailarbeit. Es ging mir eher um die Angst vor der Umsetzung: Ich hatte Sorge, einen Fehler zu machen, und baute mir mit meinem vermeintlichen Perfektionismus eine eigene Vermeidungsstrategie auf – und zugleich eine fette Falle. Diese Vermeidungsstrategie hatte zur Folge, dass ich mich im Kreis bewegte, um nur ja nicht fertig werden zu müssen. Manche nennen es Perfektionismus – doch, wenn wir ehrlich sind und der Wahrheit ins garstige Auge blicken, haben wir oft nichts anderes als schlichtweg Angst davor, einen Fehler zu machen. Die Angst, etwas zu verlieren, ist also größer als die Chance, etwas zu bekommen.

Dabei kannst du gar keine Fehler machen. Ein Fehler ist eine reine Interpretation von außen, eine Frage der gewählten Perspektive deines Gegenübers. Bist du auf die Nase gefallen, gewinnst du dadurch an Lebenserfahrung und Erkenntnissen für bessere Ideen.

Oder anders gesagt: Bist du gescheitert, bist du gescheiter!

In dem Moment, in dem wir etwas machen, tun wir das, das wir genau in diesem Moment für das Richtige halten. Danach kann man leicht klüger sein.

Was andere als Fehler sehen, kann für dich ein konstruktiver Fehlschlag auf deinem weiteren Weg sein. Doch wir malen uns Szenarien und Alternativen aus. Denken alle Varianten durch, und während das Produkt der Mitbewerber schon auf dem Markt ist, „sterben wir in Schönheit".

Fehler im System - oder?

Wenn wir in der Geschichte zurückblicken, können wir feststellen, dass sich vermeintliche Fehler längerfristig betrachtet oft als Durchbruch entpuppen. Vieles gäbe es heute nicht, wenn nicht gewisse Fehler – eigentlich Fehlschläge – passiert wären. Insulin, Staubsauger, Dynamo, Penicillin – all das wurde aus vermeintlichen Fehlern entwickelt!

Menschen, die offen zugeben, dass sie sich geirrt oder einen Fehler begangen haben, werden leider immer noch oft als Schwächlinge angesehen. Manche Menschen brauchen immer noch einen Schwächeren, um sich stark zu fühlen. Alles, was damit verbunden ist, einen Fehler zu beschreiben, wird in der Welt des unbedachten Sprachgebrauchs als schwach eingestuft: einen Fehler eingestehen, sich zu einem Irrtum bekennen oder eine Position verlassen, nicht zu seiner Meinung stehen, den Standpunkt wechseln. Selbst eine kleine Korrektur von Einsichten – wir verwenden dafür gerne das harmlose Wort Sinneswandel – hat in unserer Umgangssprache manchmal einen negativen Beigeschmack.

Null Fehler - null Verantwortung

Du wirst „zur Verantwortung gezogen", wenn du einen Fehler gemacht hast. Wie so oft zeigt auch hier die Rhetorik ihre Schattenseiten. Wenn dich jemand „zur Verantwortung zieht", wird die Bereitschaft, selbstverantwortlich zu handeln, im Keim erstickt. Ist demnach die beste Strategie, um einen Fehler zu vermeiden, einfach jene, die Verantwortung zu vermeiden? Das Null-Fehler-Programm in Unternehmen verleitet uns dazu, auf bestehende Sicherheiten zu vertrauen. Das System übernimmt das Denken, die Weiterentwicklung stagniert, der Plan A bleibt auf der Strecke. Wenn du in einem Unternehmen arbeitest, in dem Fehler bestraft werden oder zumindest eine negative Konnotation haben, wirst du mehr und mehr von deinem Kurs abweichen. Menschen flüchten vor der Verantwortung, wenn sie Angst vor Konsequenzen haben müssen. Nicht die Fehler sind dein Feind, sondern der scheinheilige Frieden mit der Fehlerlosigkeit.

> **Die schönsten Dinge des Lebens sind nie komplett durchgeplant.**
>
> *Jürgen Eisserer*

Ein Kampf mit unserem Kopf

Um als Mensch wachsen zu wollen, ist es notwendig, ein gewisses Maß an Misserfolgen zu akzeptieren. Das gehört zu den elementarsten Voraussetzungen auf deinem Weg zu Plan A. In unserer Ausstrahlung sind die Zeichen von Erfolg und Niederlage sofort erkennbar. Nichts ist so deutlich in den Augen, der Körpersprache und unserem Auftritt ablesbar wie eine Serie von Erfolgen oder unerwarteten Misserfolgen. Jede dieser Erfahrungen ist wie ein frischer Anstrich auf der Hauswand des Lebens. Von außen betrachtet sind erfolgreiche Unternehmer nicht deshalb so gut, weil sie die besseren Techniken benutzen. Sie haben vielmehr eine ganz andere Einstellung zu Misserfolgen. Oder – wie ich in meiner Anfangszeit – die Unbekümmertheit eines jungen Deppen. Du spielst das erste Mal ein Kartenspiel und räumst alles ab. Kennst du das? Das funktioniert einzig und allein deshalb, weil du unbedarft und locker an die Sache herangegangen bist. Auch ein Grund, warum Quereinsteiger im Vertrieb bei vielen Unternehmen mittlerweile so beliebt sind. Diese Unbekümmertheit und unbelastete Art sind Zeichen, die sich in positiver Ausstrahlung widerspiegeln.

Fehler provozieren

Bei meinen Flugreisen in den Norden Deutschlands lande ich oft auf dem Hamburger Flughafen. Eine große Versicherungsgesellschaft hat dort einen Infostand mit Verkäufern, die dir im wahrsten Sinn des Wortes „im Vorbeigehen" ihre Produkte andrehen wollen. Ich beobachte sie wahnsinnig gerne. Und meines Erachtens ist der Job an einem solchen Stand eine wunderbare Lebensschule: Nirgends erfährt man mehr Ablehnung und erleidet man mehr Fehlschläge als beim Ansprechen wildfremder Menschen, denen man auch noch etwas verkaufen will.

Auch ich lasse in meinen Trainings Verkäufer regelmäßig wildfremde Menschen ansprechen, um ihre Ängste vor Fehlschlägen zu überwinden. Meine Überzeugung: Es gibt keine bessere Lebensschule dafür als den Vertrieb.

Unser schlimmster Feind sind wir selbst – unser innerer Kritiker

Der innere Kritiker ist unser täglicher Begleiter. Er ist ein Teil unseres „inneren Teams". Da ist der Planer, der Umsetzer, der Vorsichtige, der Draufgänger und viele mehr. Der innere Kritiker ist einer von ihnen – und oft ist er einer der lautesten. Laut Studien sind 90 Prozent unserer inneren Selbstgespräche negativ und gegen uns selbst gerichtet. Der innere Kritiker ist so etwas wie Gollum für Frodo aus Herr der Ringe. Bei ihm weißt du nicht wirklich, woran du bist: Mal bringt er dich fast um, ein andermal beschützt er dich. Es kommt also darauf an, wie DU mit ihm umgehst. Im Wissen, dass er dir am Ende an den Kragen will.

Woher kommt der innere Gollum?

Dein innerer Kritiker entstand bereits in deiner Kindheit. Genauer gesagt hast du ihn in deiner Kindheit erschaffen. In einer Zeit, als du noch keine Ahnung hattest, was richtig, was falsch, was sicher und was gefährlich ist. Das hat dir dein Umfeld beigebracht. Die, die schon länger auf der Welt waren als du und schon mehr Erfahrungen gesammelt hatten.

Also deine Eltern und Großeltern, Kindergartenpädagogen, Lehrer und eventuell sogar deine älteren Geschwister. Bis zu einem gewissen Alter ist dein eigenes inneres Team unterrepräsentiert bzw. gar nicht vorhanden. Es bildet sich erst langsam, wenn du älter wirst. Wenn du noch klein bist, lernst du durch Lob, Kritik, Gebote und Verbote, wie du dich zu verhalten hast. Was gefährlich ist und was ungefährlich. Du wirst gelobt und erhältst Anerkennung, wenn du etwas in den Augen der Erwachsenen gut machst und wirst geschimpft und bestraft, wenn du Scheiße baust. So weit, so leicht zu durchschauen.

In unserer Kindheit war das durchaus sinnvoll. Die Kritik, Gebote und Verbote unserer Eltern hatten allesamt nur ein Ziel: Uns unversehrt aufwachsen zu lassen. Also uns zu beschützen.

Da wir alle nach Anerkennung und Lob streben, haben wir die Ge- und Verbote unserer Eltern verinnerlicht und sie zu unseren eigenen Denk-Gesetzen gemacht. So ist der innere Kritiker in uns entstanden.

Was will der Gollum?

Wie schon unsere Eltern will uns auch unser innerer Kritiker schützen. Diese Schutzfunktion des inneren Kritikers hat aber zur Folge, dass wir es oft nicht wagen, ein Risiko einzugehen, weil er dann schon wieder loslegt: „Was machst du da? Bist du verrückt? Wenn das nur gut geht!"

Die Grundintention unseres inneren Kritikers ist positiv. Dennoch sollten wir ihn nicht als unseren liebevollen Schutzengel ansehen. In diesem Fall gilt: Das Gegenteil von gut ist gut gemeint. Denn unser innerer Kritiker will uns zwar vor negativen Gefühlen und Erlebnissen bewahren, ist aber auf der anderen Seite dafür verantwortlich, dass wir uns nichts zutrauen, keine Herausforderungen annehmen, in unserer Komfortzone hängenbleiben und uns letzten Endes weder beruflich noch privat weiterentwickeln.

Die schlechte Nachricht: Wir können den inneren Kritiker nicht loswerden.

Die gute Nachricht: Wir können ihm einen Maulkorb verpassen!

Wie du deinen inneren Kritiker zum Schweigen bringen kannst

Wie kannst du deinem inneren Kritiker nun aber einen Maulkorb verpassen? In drei Schritten kannst du hier durchgreifen und den Kerl auf seinen Platz verweisen. Bewusstsein schaffen. In erster Linie ist es wichtig, dir deines inneren Kritikers und seiner Auswirkungen auf deinen Alltag bewusst zu werden. Achte einmal darauf, wie häufig er seine Stimme erhebt. Zum Beispiel, indem du eine simple Strichliste führst. Du wirst am Ende des Tages erschrocken sein, wie viele Striche du gemacht hast. Auf der anderen Seite hast du damit aber den wichtigsten Punkt schon erledigt: Den inneren Kritiker aus dem Dunkeln, in dem er so gerne agiert, ins Licht zu zerren und ihn dir bewusst zu machen.

Situationen erkennen

Wann und in welchen Situationen taucht dein innerer Kritiker am häufigsten auf? Das zu wissen, ist elementar. Denn nur so kannst du dich auf einige wesentliche Situationen konzentrieren, anstatt zu versuchen, an allen Ecken und Enden gleichzeitig etwas zu verändern.

Rationales, inneres Gespräch führen

Wenn du deine Schlüsselsituationen identifiziert hast, geht es darum, diese zu analysieren und die Argumente des inneren Kritikers durch ein rationales, inneres Gespräch mit Gegenargumenten zu entkräften. Mach dir zunächst klar, warum dir dein innerer Kritiker in dieser Situation ein Stoppschild vor die Nase hält. Du weißt ja bereits, dass er grundsätzlich positive Absichten hat: Er will uns schützen. Wenn du das herausgefunden hast, denk darüber nach, ob diese Angst berechtigt ist.

Bist du zum Beispiel gerade im Zoo auf dem Weg zum Tigerkäfig und der Tiger ist soeben ausgebrochen, ist die Angst, gefressen zu werden, berechtigt. Da ist es sinnvoll, auf den inneren Kritiker zu hören, der dir sagt, dass du gegen den Tiger nicht gewinnen kannst und in die andere Richtung laufen solltest.

Ist es etwas Abstrakteres, wie etwa die Angst vor Ablehnung oder einer Blamage, dann überlege dir, was im schlimmsten Fall passieren und welche Auswirkungen das auf dich haben könnte.

Wenn du dein Worst-Case-Szenario kennst und weißt, dass es dich weder physisch noch emotional killen wird, dann weißt du auch, was du zu tun hast bzw. was du tun kannst. Und der innere Kritiker darf schlafen gehen – bis zum nächsten Mal, wenn er denkt, er wird gebraucht.

Mut und Wachstum

Sich mit seinem inneren Kritiker auseinanderzusetzen, bedeutet, Mut zu zeigen. Mut bedeutet zu handeln, obwohl du Angst hast. Trotz Angst zu handeln, führt unweigerlich zu Wachstum. Beruflich wie auch privat. Jedes Mal, wenn du dich mit deinem inneren Kritiker auseinandersetzt, wirst du ein Stück mehr wachsen und ihm etwas mehr an Macht über dich nehmen.

Sieh deinen inneren Kritiker ruhig als Gefährten und nicht als Gegner bei Veränderungen an. Auch Frodo hat es kurz mal geschafft, Gollum als Wegweiser zu erziehen. Nimm seine Aussagen bewusst wahr, aber hinterfrage sie kritisch. Letzten Endes triffst DU die Entscheidungen, nicht er. Und du entscheidest auch, wer die Oberhand behält.

Zur Erinnerung: Du findest auf meiner Webseite jede Menge Ressourcen, Inputs und Übungen. Der Link bzw. QR-Code steht im Anhang.

Was wir denken, strahlen wir aus

Das, was wir über uns, unser Produkt, unser Unternehmen, unsere Marke, unsere Kollegen, Freunde, Menschen, über die Welt und unseren eigenen Plan denken, das strahlen wir auch aus. Das ist mittlerweile hinlänglich bekannt. Manche Menschen sind so geübt darin, diese bestimmte Ausstrahlung zu erkennen, dass sie mit nur einem Blick in dein Gesicht die Erfahrungen deines Lebens lesen können. Also ob du dich eher von der Sonne bescheinen lässt oder lieber im Regen stehst. Es sind die Meister der Semiotik – der Lehre der Zeichen und Signale. Der italienische Schriftsteller Umberto Eco war so ein Experte.

Er verstand es, die Zeichen zu lesen. Genauer: Er erkannte die Zeichen. Ein Semiotiker ist nämlich nicht einer, der Zeichen liest, sondern einer, der alles, was wir sehen, hören, schmecken, riechen, tasten, als Zeichen zu lesen versteht. Er versteht nicht nur das, was gemeint ist, sondern hat auch gelernt zu verstehen, warum es so gemeint wird.

Ein Semiotiker ist einer, der weiß, dass das, was wir sagen und tun, eingebettet ist in ein System, das real und ein Zeichen zugleich ist. Eine durchaus analytische, aber hochprofessionelle Art, Menschen und ihre wahre Wirkung zu durchleuchten.

Bei anderen Menschen entsteht einfach „so ein Gefühl", das dich zu ihnen durchdringen lässt, oder eben nicht. Also deine Einstellung ist dafür ausschlaggebend, ob du gut oder nicht so gut ankommst. Aus unserer Einstellung werden Gedanken. Daraus entstehen Emotionen, aus denen Worte werden. Diesen folgen Taten, aus denen Gewohnheiten entstehen, die deinen Charakter prägen. Das ist es, was schlussendlich als deine Persönlichkeit wahrgenommen wird.

Hast du schon mal darüber nachgedacht, als du dich das letzte Mal bei Freunden oder Kollegen über deinen Chef, die Umstände oder das Leben ausgekotzt hast? Nein? Solltest du aber! Denn jedes Wort färbt auf dich ab. Die Menschen erinnern sich nicht daran, was du gesagt hast. Aber sie werden sich daran erinnern, welches Gefühl du mit deinen Worten bei ihnen hinterlassen hast. Auch dein Auftreten wird von außen immer bemessen. „Es ist dir ins Gesicht geschrieben!"

Menschen mit einem klaren Plan A folgen klaren Gedanken und erzeugen damit positive Emotionen, Worte und Taten. Sie handeln nach fokussierten Gewohnheiten und werden als starke Persönlichkeit anerkannt. Mach doch mal ein Experiment: An einem gemütlichen Sonntagmorgen begibst du dich einmal nicht im Schlabberlook Richtung Bäcker. Für deinen nächsten Brötchenkauf wirfst du dich in Anzug und Krawatte, gehst mit breiter Brust in die Bäckerei und bestellst mit lauter Stimme.

Sie werden dich beobachten – ganz genau.

Du wirst anders wahrgenommen, du erscheinst anders, interessant, etwas fehl am Platz oder gar völlig verrückt, aber die Gedanken der Mitarbeiter und der anderen Kunden werden in eine positive Richtung gelenkt werden.

Denk daran, dass du es oft mit hochsensiblen Menschen zu tun haben könntest, die intuitiv oder auch bewusst solche Unsicherheiten spüren. Wir sind angreifbar, jederzeit – können uns aber mit innerer Stärke gegen jeden dieser Angriffe wehren, wenn wir den für uns richtigen Weg gefunden haben.

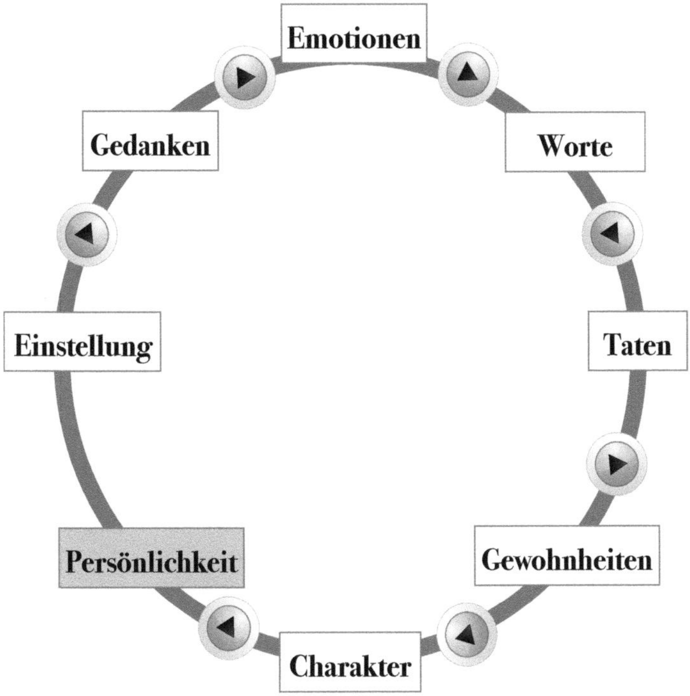

Die philosophische Seite der Neugier

Viele Menschen lesen Bücher nur, um sich selbst bestätigt zu sehen. Während du dieses Buch liest, schlägt möglicherweise in deinem Kopf ein Pendel. Eines, das abwechselnd immer wieder sagt: „Ja, nein, jetzt hat er recht, völliger Unsinn, falsch, richtig, wieder richtig“. Unser bewusster Verstand neigt dazu, allem, was unseren bisherigen Erfahrungen nicht entspricht, zu widersprechen und nur dann zuzustimmen, wenn etwas, das wir hören oder lesen, durch unsere Erfahrung bestätigt wird. Meist werden Bücher, auch Reiseführer, genau nach diesem Paradoxon geschrieben. Mit dem Ziel, Menschen aufzuzeigen, wie recht sie doch haben.

Damit wird die linke Hälfte unseres Gehirns angesprochen: Diese will Dinge verstehen, Vertrautes erleben, Bewährtes bewahren. Das ist der Grund dafür, warum wir uns auch bei Reisen meist als allererstes einen Reiseführer zulegen oder recherchieren, welche Gefahren im Zielort auf uns warten.

Die rechte Gehirnhälfte ist offen für Ideen, neue Perspektiven, möchte der Intuition nachgeben. Das ist der Grund dafür, warum Reiseführer, Ratgeberliteratur oder Bücher allgemein manchmal schnell langweilig werden.

Neugierige finden Antworten – Faule finden Ausreden

Eine Reise ins Ungewisse ist eindeutig als Erlebnis für unsere rechte Gehirnhälfte gedacht – intuitiv, lernend, Unbekanntes entdeckend.

Menschen mit einem gesunden Antrieb an Neugier arbeiten solange daran, Ordnung zu schaffen, bis sie sich in ein neues Chaos stürzen, um dort wieder Strukturen neu zu denken. Neugier als Antrieb zum Entdecken.

Eine Welt voller neugieriger Kinder

Wo wäre also die Welt ohne die großen Pioniere, Dichter, Humanisten, Entdecker, Kaufleute und Abenteurer, die dieses Chaos im Kopf geregelt bekamen? Was wäre, wenn du zu jeder neuen Idee, die du bekannt gibst, lautstark die Rückfrage erhalten würdest: „Ja, wo kommen wir denn da hin, wenn du das machst?“. Würdest du weitermachen, oder es sein lassen?

Pioniere haben die Welt nach vorne gebracht. Sie alle vereinte der Drang danach, ihre persönliche Geschichte erzählen zu können – ihren Plan A. Zugegeben, oft auch aus Sucht nach Ruhm, Reichtum oder missionarischem Eifer. Die wissenschaftlichen Erkenntnisse waren dabei meist nur ein netter Nebeneffekt. Und doch bewiesen die Reisen von Columbus, Ferdinand Magellan und Marco Polo zum Beispiel, dass die Erde keine Scheibe ist. Captain James Cook wiederum zerstörte den Mythos der Terra Australis. Und, wie schon erwähnt, gab es auch Entdecker wie Alexander von Humboldt.

Er war einer der Ersten, der nicht um des Eroberns willen reiste, sondern wegen der Inspiration, des Wissens und der Weiterentwicklung.

Dieser innere Drang nach Wissen und Weiterentwicklung – also der Wunsch, die Welt, oder vielleicht in deinem Fall dein engstes Umfeld nur ein Stück weit besser zu machen, ohne dabei dem Materialismus zu verfallen - ist genau das, was unsere Gesellschaft heute mehr denn je benötigt. Nur leider tötet unsere Bequemlichkeit die Leidenschaft nach Neugier.

Ein Weg - Tausende Chancen

Auf einer meiner Islandreisen begegnete ich einem Mann, der mir mit seiner Geschichte die Augen öffnete. Sein Name war Jon, er war Kunsthandwerker aus Djúpivogur im Süden Islands und produzierte in feinster Handarbeit Schmuck und Halsketten aus den Kristallen und Steinen, die er in den umliegenden Gebirgen fand.

Auf dem Weg Richtung Küste fielen mir kurz vor Ortsende ein älterer Herr und die Schilder auf, auf denen in hundert Sprachen „Willkommen" zu lesen stand. Ich wendete mein Rad – das wollte ich mir aus der Nähe ansehen! Der Mann, Jon, erzählte mir, dass er die Steine in einem bestimmten Gebiet in der Nähe eines Gletschers finden würde. Seit 30 Jahren gehe er ein- und denselben Weg hoch und finde dabei immer wieder die bizarrsten Steine für sein Handwerk.

„Nach jedem Winter, wenn die Schneeschmelze eingesetzt hat, öffnet der Berg wieder sein Herz", sagte er. „Wenn du mit offenen Augen auf diesem Weg marschierst, kannst du jeden Tag Neues entdecken."

Darin steckt eine Erkenntnis, die auch unsere Leben betreffen kann: Auch Bestehendes kann in deinen Plan A integriert werden! Nimm das Bestehende genauer in Augenschein – es könnten sich damit neue Horizonte auftun. Wenn du jenen Weg, den Jon zum Steine sammeln zurücklegt, mit deinem Weg vergleichst, findest du möglicherweise einen neuen Aspekt deines Lebens, der deinen Plan A unterstützt.

Neugierig von Kindesbeinen an

Ich persönlich spüre dann ganz große Neugier, wenn ich etwas höre, was ich noch nicht kenne, was ich mir in diesem Moment nicht erklären kann, oder wenn ich etwas schlicht nicht weiß. Ich brenne förmlich vor Neugier, wenn ich spannende Geschichten lese, die ein Problem aufzeigen, dessen Lösung sich völlig anders präsentiert als erwartet. Regelrecht euphorisch reagiere ich, wenn ich mit neuen Ideen konfrontiert werde und mir selbst überlegen darf, wie ich sie ausarbeiten oder umsetzen kann.

Was macht Neugier aus?

Wissensdurst

Es muss nicht nur dein eigener Wissensbereich interessant sein – auch andere Themen wollen verstanden werden. Du könntest wertvolle Ergänzungen zu deinem Plan A finden. Und dieser mögliche Zusammenhang ist Antrieb für neues Wissen.

Entdecker-Gen

Du bist neuem Wissen gegenüber aufgeschlossen und betrachtest Neues nicht nur unter dem materiellen Aspekt, sondern auch dahingehend, ob es für die Welt wertvoll sein kann.

Offenheit für andere

Es braucht die Offenheit, unterschiedlichste Perspektiven, Meinungen, Anschauungen, Ideen anzuerkennen und vielleicht auch Lösungsansätze anzustreben, die nicht in unserem eigenen Kopf entstanden sind.

Toleranz

Auch andere Menschen haben gute Ideen. Nimm sie auf und verwende sie als Basis für eigene Umsetzungen. Es war nicht deine Idee? So what?! Schluck deinen Stolz runter und erfreu dich am Ergebnis!

Sei ein bisschen mehr Kind!

Es sind die kleinen Schritte, die uns das Herz der Welt eröffnen. Es sind die regelmäßigen „Warum"-Fragen der Kinder, die die Welt in ihren Grundfesten verstehen möchten – auch, wenn das aus Sicht mancher Erwachsener schon ausreichend oft erklärt wurde.

Leider kommt es auch hier oft zu einem „Double Bind", also einer Doppelbindung: Einerseits wird Neugier hochgelobt, andererseits verbieten wir aber schon unseren Kindern, zu viele Fragen zu stellen: „Sei nicht so neugierig!" Kinder wollen alles angreifen, alles in den Mund stecken, um es wortwörtlich mit allen Sinnen zu entdecken.

Der Druck, dass wir uns unserem Umfeld anpassen müssen, beginnt schon früh. Querdenken, neugierig oder gar kreativ zu sein, wird uns abgewöhnt. In den aufnahmefähigen Köpfen der Kinder bauen wir damit eine Schranke – das mächtige Schloss der Neugier wird von einem tiefen Graben umgeben. Die Brücke darüber müssen wir im Lauf des Lebens sukzessive wieder selbst errichten.

Sicher ist auch das ein Grund, warum Erwachsene nur noch durchschnittlich sechs Fragen pro Tag stellen. Kinder stellen mehr als 50 Fragen pro Tag, bevor sie in die Schule kommen. Also bis zu jenem Tag, an dem Schulsystem und Erziehung sich „Grüß Gott" sagen und unseren Kindern das selbstständige Denken und Nachfragen systematisch abgewöhnt werden.

Susan Engel, Entwicklungspsychologin aus den USA, bringt es auf eine einfache Formel: „Kindliche Neugier ist der Drang, immer mehr zu wissen." Bei ihren Studien an Erstklässlern staatlicher Grundschulen in den USA zählte sie dazu noch durchschnittlich mehr als 20 Zwischenfragen pro Unterrichtsstunde. In der fünften Klasse aber waren es nur noch eine oder zwei. Oft auch gar keine mehr.

Zudem gewöhnt sich unser Gehirn leicht an diese einfachen Denkstrukturen. Was zur Folge hat, dass wir mit zunehmendem Alter weniger Fragen stellen und weniger neugierig sind. Je älter wir werden und je weniger wir gegen die schwindende Neugier tun, desto eingefahrener werden diese Spurrinnen unseres Denkens. Das nennt man dann „Engstirnigkeit" – sie ist der Ursprung von Vorurteilen. Dadurch gehen wir mit Widersprüchen weniger gut um und wünschen uns schnellste Informationen, die eindeutig und prägnant sind, damit sie unser Gehirn leichter verdauen kann. Ein gefundenes Fressen für das Fake News-Zeitalter.

Völliges INTER-ESSE

Diese kindliche Neugier, alles entdecken zu wollen, verlieren wir gerade im „wissensbasierten Alltag" immer mehr. Wenn wir als Erwachsene etwas lernen wollen, das uns wirklich begeistert, ist das umso einfacher, wenn auch die dahinterliegende Neugier gekitzelt wird. Das funktioniert aber nur dann, wenn die Begeisterung von innen heraus kommt – wenn unser Wertekompass getroffen wird durch das, was wir gerade machen.

Wir sind also völlig eins mit dem Neuen. Wir können kreativ schöpferisch tätig sein und gehen voll in unserem Tun auf. Wir verschwinden förmlich darin. Von daher leitet sich auch aus dem lateinischen das Wort „INTER-ESSE" ab, was übersetzt so viel bedeutet wie „darin sein". Wenn wir also etwas Neues lernen, das unserem Plan A entspricht, belohnt sich unser Gehirn selbst. Die neuronalen Verbindungen zwischen dem Belohnungszentrum im Gehirn und unserem Gedächtnis sind besonders stark – deshalb haben manche Menschen richtiggehend Spaß am Lernen, während sich andere mit neuen Inhalten quälen. Das alles basiert auf dem, was uns wirklich bewegt. Wenn du das nicht erkennen willst, könnte das ganze Lernen ein einziger Kampf gegen Windmühlen bleiben.

Die Fähigkeiten der Zukunft

Neugier verhindert, dass wir in eingefahrenen Spuren steckenbleiben. Deshalb wird zukünftig neben Selbstverantwortung, Kreativität und Mut auch die Neugier zu den bedeutendsten Motoren unserer Wirtschaft zählen.

Beispiele für die Fähigkeiten der Zukunft:

1. Offenheit für den kulturellen Wandel
2. Werteorientierung und Sinn fördern
3. Gemeinsames Führungsverständnis entwickeln
4. Improvisation für raschere Reaktion
5. Potenziale von Menschen erkennen und fördern
6. Emotionale Intelligenz effektiv nutzen können
7. Freiraum für Kreativität nehmen und geben
8. Neugier als Antrieb für Ideen nutzen und fördern
9. Selbstführung als Basis jeder Führungskraft
10. Selbstverantwortung für jeden neuen Schritt

Verwechslungsgefahr

Viele verwechseln geistige Flexibilität mit fachlichem Wissen und Know-how. Nach heutigem Stand gehen wir davon aus, dass sich das Wissen der Menschen alle viereinhalb Jahre verdoppelt. Über 80 Prozent der Wissenschaftler, die je auf dieser Erde gelebt haben, leben heute noch. Wenn du unter diesen Bedingungen einen Wissensvorsprung erarbeiten willst, wirst du unter dem ständigen Druck irgendwann zusammenbrechen. Dieses Rennen zu gewinnen, ist praktisch unmöglich. Das iPhone ist schließlich auch kein reines Produkt höchster Intelligenz und unendlichen Wissens. Es ist die Kombination aus einzigartigen Werten (= der Plan A), dem Mut, frei zu denken (= Neugier und Kreativität) und modernsten Technologien (= Wissen). Nicht Technik, sondern Kommunikation ist die Basis für jede Innovation!

Natürlich musst du wissen, was sich in deinem angestrebten Bereich so abspielt. Was wird dort für ein Spiel gespielt, nach welchen Regeln wird agiert? Aus diesem Grund solltest du auch die fachliche Weiterentwicklung niemals gänzlich außer Acht lassen. Was wäre beispielsweise ein Trainer, der sich in Didaktik und Methodik nicht mehr fortbildet? Aber die Vorstellung, allein durch Wissen einen Vorsprung herauszuarbeiten, wird über kurz oder lang zum Scheitern führen.

Damit du dein Potenzial voll nutzen kannst, brauchst du nicht noch mehr Fixierung auf neue Technologien, fachlichen Input oder immer mehr Wissen. Stattdessen zählen andere Werte wie der Mut für eine offene Einstellung, also eine Denkweise, in der es mehr darauf ankommt, Fragen zu stellen, als Antworten zu geben – kurz gesagt: eine innere Kultur der Neugier.

Neugier beginnt, wenn wir auf ungewohnte Ansichten nicht sofort mit Ablehnung reagieren. Und sie wächst, wenn wir die eigene Wahrheit nicht mit der Wahrheit anderer gleichsetzen.

Neugier und Kreativität brauchen keinen Rahmen

Wir lassen uns in Form gießen und hoffen, dabei unser Glück zu finden. Doch Kreativität entsteht nicht in einer Form, sondern außerhalb davon. Derjenige, der die Form kreiert, erschafft wirklich Neues. Ideen regieren. Und Menschen brauchen Freiraum für Kreativität – auch und gerade in Unternehmen. Heute ist alles möglich. Du kannst Wissen von Nobelpreisträgern frei im Internet zugänglich für dich nutzen. Du kannst frei deine Meinung äußern, kannst Seminare besuchen, die deiner Kreativität guttun, kannst schaffen, machen, walten und tun, was deiner Meinung nach deine Karriere fördert.

Wenn nicht, verschwinden deine Ideen und Meinungen im Niemandsland des

> **Kreative** halten sich **NICHT** an einen **RAHMEN.** Sie **FORMEN** ihn!
>
> *Jürgen Eisserer*

Und dann kommt die bittere Realität eines Unternehmensalltags.

Starre Arbeitsverhältnisse, hierarchische Strukturen und Organisationen – alles wird unter den Aspekt der Leistung gestellt und miteinander verglichen. Wir verlieren die Freiheit des „privaten Lebens" und wollen gerade das mit aller Macht zurück. Mit diesem defizitären Denken hadern viele Unternehmen und Institutionen. Das schlägt sich auch in den unterschiedlichsten Statistiken nieder. Wenn du zum Beispiel liest, dass mehr als zwei Drittel der Angestellten in Österreich nur wenig bis gar nicht glücklich mit ihrer aktuellen Jobsituation sind. Leider finden kreative Ideen, die du als Mitarbeiter einbringen möchtest, nur dann Unterstützung, wenn die großen Köpfe im Unternehmen der gleichen Meinung sind wie du.

„Vielleicht irgendwann". Aufgrund dieser fehlenden Wertschätzung deiner Neugier, deines inneren Antriebs und deiner Kreativität gegenüber wirst du zum Ausgleich deine Energie in andere Dinge investieren und dein Glück woanders suchen. Kreativität und Neugier finden eben nur dort statt, wo du deine Individualität und Selbstverantwortung ausdrücklich ausleben kannst. Damit beginnt in deinem Job die „never-ending-Schnitzeljagd" nach deinem Sinn, nach deinem Plan A.

Je jünger die Generationen werden, desto wichtiger ist diese Freiheit. Die Generationen X, Y, Z – wir alle wuchsen schon mit vielfältigsten Freiheiten und Möglichkeiten auf. Es ist eine Art Geburtsrecht, uns so zu entfalten, wie wir das wollen. Die Selbstverwirklichung ist mittlerweile fast schon zu einem unserer Grundbedürfnisse geworden.

„Nein, so wie meine Eltern möchte ich mein Arbeitsumfeld nicht gestalten!" Diese Denkweise herrscht gerade in der jungen Generation immer stärker vor. Wenn du zu den obigen Generationen gehörst, wirst du vielleicht zu der Erkenntnis kommen, dass du mit den vorherrschenden Strukturen nicht zurechtkommst. Klassische Talentvertreiberfirmen werden langfristig umdenken müssen, um auf dem Markt bestehen zu können, denn dieses Denken ist nicht mehr zeitgemäß. Es ist nur durch die Erfahrungen und Einstellungen unserer Eltern und Großeltern immer noch in unseren Köpfen verankert. Je früher man im Büro war, desto fleißiger. Die verkürzte Mittagspause – ein Zeichen von Ehrgeiz und Einsatz. Die berühmte Opferbereitschaft, der auch ich jahrelang auf den Leim gegangen bin. Wenn wir uns von diesen Strukturen weiterhin mundtot machen lassen, werden unsere Neugier und Kreativität leiden, die uns dabei helfen, einen eigenen Plan A zu entwickeln.

Fantasie ist wichtiger als Wissen, denn Wissen ist begrenzt!

Albert Einstein

Kreatives Nichtstun

Was denkst du, wie der doch etwas provokante Titel dieses Buchs entstanden ist? Ich bin keineswegs wochenlang vor einem Blatt Papier gesessen und habe zwanghaft versucht, mir einen Titel aus der Nase zu ziehen. Wie er tatsächlich entstanden ist, erfährst du am Ende dieses Kapitels.

Nur eines vorweg: Große Ideen waren nie ein Ergebnis krampfhafter Überlegungen oder zwanghaft aufgesetzten Beschäftigtseins. Sie sind vielmehr stets das Ergebnis einer Phase bewussten Abschaltens und einer konkreten Fragestellung, die wir unserem Unterbewusstsein mit auf den Weg geben. Ein Wunsch, mit dem wir uns schlafen legen, um mit einer Idee wieder aufzuwachen. Wenn wir allerdings mit dem Handy unter dem Kopfkissen ins Bett gehen, ist das nicht so einfach.

**Go to bed with a dream –
wake up with a purpose.**

Jacob Cohen, Jeans-Designer

Es sind diese kurzen Auszeiten im Alltag, die unser Unterbewusstsein auf die Reise nach den Antworten schicken. Die Wanderung, bei der wir nur im Jetzt sind. Der Kaffee, den wir mit allen Sinnen genießen. Eine Lehre des Zen-Buddhismus zum Thema „Achtsamkeit“ hat mir in diesen Kreativphasen eine neue Perspektive verschafft.

Ein buddhistischer Meister wurde einmal gefragt,
warum er trotz seiner vielen Beschäftigungen immer so glücklich sei.
Er sagte: „Wenn ich stehe, dann stehe ich,
wenn ich gehe, dann gehe ich,
wenn ich sitze, dann sitze ich,
wenn ich esse, dann esse ich,
wenn ich liebe, dann liebe ich …“
Dann fielen ihm die Fragesteller ins Wort und sagten:
„Das tun wir auch, aber was machst du darüber hinaus?“
Er sagte wiederum:
„Wenn ich stehe, dann stehe ich,
wenn ich gehe, dann gehe ich,
wenn ich sitze, dann sitze ich,
wenn ich esse, dann esse ich,
wenn ich liebe, dann liebe ich …“
Wieder sagten die Leute:
„Aber das tun wir doch auch!“
Er aber sagte zu ihnen:
„Nein! Wenn ihr sitzt, dann steht ihr schon,
wenn ihr steht, dann lauft ihr schon,
wenn ihr lauft, dann seid ihr schon am Ziel.“

Wir sind getrieben vom „Besserwerden". Wir vergleichen den Erfolg anderer mit unserem und ersticken damit jede Form von Kreativität im Keim. Wir erliegen oft dem künstlich selbst auferlegten Druck. Deshalb sind diese kurzen Auszeiten heute wichtiger denn je, um einen Plan A zu schmieden.

In manchen großen Unternehmen fördert man Innovationen mit fix eingeplanten Zeiten für kreatives Denken. Da wird ein ganzer Tag pro Woche einzig dazu genutzt, um mit spannenden Ideen zu experimentieren oder neue Dinge zu probieren.

Der klassische Geistesblitz kommt immer dann, wenn du es am wenigsten erhoffst. Für eine Marketingkampagne eines Haustechnik-Anbieters suchte ich vor einigen Jahren nach einer Idee für die neue Bildwelt. Ich zerbrach mir tagelang den Kopf, mit welcher zentralen Botschaft die neue Kampagne ausgestattet werden sollte. Von der damals hochtechnischen Schnickschnack-Sprache mit vielen Erklärungen, die kein Mensch verstand, hin zur emotionalen Botschaft. Nichts ist einfacher als Bilder und Videos von Menschen zu zeigen, die ihre Geschichte erzählen sollen. Doch das erste Bild zu dieser Kampagne entstand nicht am Schreibtisch. Er ergab sich beim entspannten Kajak-Fahren, als ich mich im Sonnenschein vom Fluss treiben ließ.

Wie nun der Titel dieses Buches entstanden ist? Dazu gibt es keine spektakuläre Geschichte. Vielmehr hatte ich den Einfall dazu beim Wandern, als ich vor einer zugewachsenen Gabelung stand. Da dachte ich: „Scheiß drauf!". So hatte ich den ersten Ansatz einer Antwort auf meine Fragestellung: „Wie soll der Titel meines Buches lauten?"

Du hast möglicherweise auf eine sensationelle Antwort gehofft. Auf eine, die dir ab sofort immer kreative Ideen beschert. Tut mir leid, damit kann ich nicht dienen. Kreativ werden musst du schon selbst!

Wie werde ich kreativ und neugierig?

Kreativität und Neugier können nicht von heute auf morgen entstehen, so nach dem Motto: „Ab morgen bist du bitte kreativ!" Was du aber dazu tun kannst, ist Folgendes:

» Umgib dich mit völlig neuen Menschen. Langeweile ist ansteckend. Besuche Events, Seminare oder Online-Formate, bei denen du auf wissbegierige Menschen triffst. Auch hier färbt das Umfeld ab – du wirst förmlich angesteckt werden von so viel Neugier und Kreativität.

» Sei „Tourist im eigenen Dorf". Das ist übrigens auch der Titel einer meiner Vorträge, den du auf meiner Webseite anhören kannst. Am einfachsten scannst du dafür den QR-Code, den du im Anhang findest.

» Reisen macht uns zu Fremden – selbst im eigenen Dorf kannst du Fremder sein. Ich liebe es, mit dem Rucksack aus der Haustür zu gehen und einfach zu wandern. Ich sehe damit Plätze in meiner vertrauten Umgebung, an denen ich normalerweise vorbeieile. Die Achtsamkeit eröffnet dir völlig neue Aspekte.

» Reise: Und damit meine ich – wie schon ausgiebig beschrieben –nicht die Pauschalreise in den Club nach Ägypten. Es geht um die Lust am Entdecken. Das Hinterfragen bekannter Orte. Warum steht diese Sehenswürdigkeit da, wo sie grad steht? Diese neue Sicht auf die Welt eröffnet dir auch Einblicke in die Denkweise anderer. Je mehr du reist, je tiefer du diese Eindrücke reflektieren kannst, desto eher schärfst du deine Perspektive der Welt und reist weit über dich selbst hinaus.

» Anders denken = mitdenken: In manchen Seminaren frage ich Führungskräfte, was sie machen müssten, um das Projekt völlig in den Sand zu setzen. Die Münder stehen dann meist sperrangelweit offen. Einzig, weil die Art und Weise dieser Frage bei uns ein völliges Umdenken auslöst. Das haben paradoxe Fragen nun einmal so an sich. Oder hast du dich schon mal gefragt, wie du es garantiert schaffst, deinen Plan A zu verbocken?

Dreh den Spieß um – mach andere heiß!

Warum hast du dieses Kapitel gelesen? Aus Neugier! Warum liest du die Zeitung? Aus Neugier und Sensationslust. Neugier ist also das Fundament unseres Wissens, auf dem all unsere Erfahrungen basieren. Es sind die Geheimnisse und Rätsel, die uns und die Wirtschaft antreiben. Wir wollen Wissenslücken auffüllen. Das kannst du dir zunutze machen, indem du beispielsweise bei der nächsten Präsentation gezielt Informationen vorenthältst und Cliffhanger einbaust. Warum, glaubst du, sind Netflix-Serien oder Klassiker wie der Tatort so erfolgreich? Sie alle bauen auf dem Prinzip der Neugier auf.

Abschließendes zur Neugier

Wenn du etwas vom großen Kuchen naschen willst, musst du bereit sein, Verantwortung für dein Handeln zu übernehmen. Du kennst weder deine Grenzen noch die anderer – und doch solltest du sie finden. Erst dort, wo du mit Beharrlichkeit an jener Stelle weitermachst, wo es eigentlich schon wehtut, beginnt Weiterentwicklung. Es ist das Streben nach gezielter Überforderung. Gezielte Überforderung deiner Kreativ-Muskeln führt dazu, dass du das Potenzial deiner Intuition voll auszukosten lernst.

Das ist geistige Flexibilität, die dir den Weg öffnet, etwas für dich Besonderes zu erschaffen mit neuen Gedanken, die du bisher noch nicht kanntest oder vielleicht einfach nicht zulassen wolltest.

Selbstverantwortung

Spätestens mit dem Titel dieses Kapitels wird dir klar, wer dafür verantwortlich ist, ob du dein Glück und deinen Plan A findest, oder weiter im Kreis läufst. Du bist also verantwortlich für das, was du tust – aber auch und vor allem für das, was du NICHT tust. „Meist sind die Hindernisse im Kopf nur die Balken des Holzwegs, auf dem du dich befindest.“ Niemand anderer als du selbst bringt dich vom Holzweg ab. Die Entscheidung, welchen Plan du auswählst, nimmt dir niemand ab.

Arbeiten, um Geld zu verdienen

„Wie soll ich denn sonst meine Rechnungen bezahlen?“ Das ist der Pragmatismus der faulen Ausreden. Ein eigenes Werk zu erschaffen und darauf stolz zu sein, wurde uns in Zeiten der Industrialisierung ausgetrieben. Stattdessen wird dein Belohnungssystem mit Geld kompensiert. Und schon bist du raus aus der Verantwortung. Abhängig von einem einzigen Faktor, der monatlich unser Überleben sichert: Geld. Aber ein wahrer Reisender folgt seinem eigenen Licht.

Was kann ICH denn dafür…?

Wenn du nun deine eigene Unzufriedenheit an den Umständen, deinem Unternehmen oder anderen Einflussfaktoren von außen festmachen willst, hast du ein entscheidendes Merkmal vergessen. Die Antwort, die du dir damit selbst gibst, zielt nicht negativ auf die Umstände ab, sondern auf dich selbst.

Du siehst also nicht die Umstände, wie sie sind, sondern du siehst dich, wie du bist. Eine einfache Regel des Resonanzgesetzes. Wir erkennen im anderen nur das, was auch in uns selbst steckt. Erkennst du Arroganz in anderen Menschen, wirst du diese Arroganz zu einem gewissen Teil selbst in dir tragen. Erkennst du ehrliche Freude, strahlst du sie selbst aus. Die Umwelt ist der Spiegel unserer Seele. Du kannst ein vernichtendes Urteil über dein Gegenüber fällen, doch dieses Urteil sagt wesentlich mehr über dich und deine Einstellung zum Leben aus als über jemand anderen oder etwas anderes.

Jeder Ärger, den wir in uns tragen, ist nichts anderes als das Ergebnis unserer eigenen Erwartungen ans Leben. Das Akzeptieren dieser Umstände hilft uns, in einen gesunden Leerlauf zu kommen. Solange wir das nicht erkennen, fällt eine Weiterentwicklung schwer. Hör einmal beim nächsten Treffen mit Freunden oder im nächsten Meeting genau hin, wie oft du diese „Opferfloskeln“ hörst: „Ich kann nichts dafür.“, „Wie kann das sein?“, „Warum ich?“… Immer wenn ich solche Geschichten höre, stehe ich auf und verlasse für ein paar Minuten den Raum. Das kann unglaublich befreiend sein!

Die einzige Frage, die du dir stellen solltest, um aus dieser gedankenfressenden Falle zu entkommen, lautet: Was kann ICH dafür…TUN?

Hau eine Delle ins Universum – so ein Schwachsinn!

Der Wandel unserer kulturellen Arbeits- und Lebenswelt hin zu mehr Sinn und Freude bedeutet gleichzeitig, den Begriff „Erfolg", so wie er bisher bewertet wurde, neu zu überdenken. Wenn dir dieses Buch dabei geholfen hat, diesen Perspektivenwechsel anzudenken, ist das ein erster kleiner Schritt auf deiner Reise zu einem „Mehr" am eigenen Leben oder in deinem Unternehmen. Vieles wird noch folgen, denn du bist allein verantwortlich für das, was du denkst, sprichst und tust.

Du lebst dein Leben – das ist der Sinn eines Plan A: Selbstverwirklichung mit all ihren Konsequenzen zu erreichen. Ob du dafür deine aktuelle Situation „nur" in einem neuen Licht betrachten musst, oder merkst, dass du im völlig falschen Element bist – den Weg zu gehen, nimmt dir in keinem Fall jemand ab.

Eine Geschichte zum Schluss, die das verdeutlicht:

Ted Turner, der Gründer von CNN, inszenierte sein Leben wie einen Feldzug. Bevor Rupert Murdoch, Vorsitzender der Fox News, auf der Bildfläche erschien, war Turners Hauptgegner der übermächtige Schatten seines eigenen Vaters, der sich mit 53 Jahren das Leben nahm. Bei einem Vortrag, den er an Washingtons Georgetown University hielt, stockte ihm plötzlich die Stimme. Er kramte ein Wirtschaftsmagazin hervor, das ihn als Titelhelden verehrte, schwenkte es in der Luft umher und flüsterte vor dem gebannten Auditorium zur Decke empor: „Ist das genug, Vater, ist das genug?" Am Tag darauf erklärte er sich: „Mit dieser Auszeichnung haben Sie mich zum traurigsten Menschen der Welt gemacht. Erst heute bin ich drauf gekommen, dass ich zig Jahre meines Lebens nur gelebt habe, um den Zielen meines Vaters nachzueifern. Mein Leben beginnt erst heute!"

Ted Turner – er hat mit einer Maske für den Erfolg anderer gelebt.

Du musst aber kein millionenschweres Unternehmen wie Ted Turner gründen, keine Delle ins Universum schlagen, wie es manche Erfolgstrainer vorschlagen, oder Spuren auf diesem Erdball hinterlassen, um wahres Glück zu finden. Es können auch die ganz kleinen Veränderungen im Denken und Handeln sein, die bewirken, dass die Sonne täglich über deinem Haus aufgeht. Sei genügsam mit dem bisher Erreichten und hole dir daraus die wahre Stärke, um deinen Plan A für dich zu finden und den Weg dorthin zu gehen.

Deine Entscheidung

Was du wirklich willst, kann dir niemand sagen. Was der Mensch aber anstrebt, ist Selbstverwirklichung. Heute mehr denn je. Die Möglichkeiten dazu stehen dir offen wie nie. Auch Wissenschaftler kamen mehrfach übereinstimmend zu der Erkenntnis, dass wir in der besten Zeit leben, die es je gegeben hat. Noch nie in der Geschichte ging es uns so gut wie heute, noch nie gab es so wenige Konflikte. Selbst in Krisenzeiten ist die heutige Zeit um vieles besser als das, was vorhergehende Generationen erlebt haben. Auch wenn das Bild, das uns Medien suggerieren, völlig anders aussieht. Denn, wie wir schon gelesen haben: „Only bad news are good news!“ Wir leben an einem entscheidenden Scheitelpunkt der Geschichte. Der Drang, das zu machen, was wir selbst wollen, ist größer denn je.

Thor Heyerdahl ist einer der bekanntesten norwegischen Entdecker. An seinem Floß, dem Kon-Tiki im gleichnamigen Museum in Oslo, steht geschrieben:

"Borders? I have never seen one.
But I have heard they exist in the minds of some people."

Nun kannst du selbst entscheiden. Drehst du dich weiter im Hamsterrad, siehst du die Sprossen darin als eine niemals endende Leiter, oder nimmst du dein Werkzeug und gestaltest deine Zukunft selbst?

> Ein wahrer Reisender
> hinterlässt keine Spuren.
> *Lao Tse*

Bist du in deinem Element?

Ich befand mich auf einer meiner Reisen im schwedischen Lappland. Hoch oben im Norden, weit über dem Polarkreis. Es war saukalt, minus 20 Grad, genau mein Ding. Ich wusste, hier war ich richtig aufgehoben, das ist mein Element. Ich sah in zwei treuherzige Augen. In jene von Arya, einem von vier Huskys aus meinem Hundeschlittengespann.

Ich sah mir Arya, die vor ihrer Hütte lag, näher an und dachte: „Du armes Ding!" Sie wirkte scheu, hatte eine leicht verformte Hinterpfote, war etwas dünn und ihr linkes Ohr schien angeknabbert zu sein. „Die anderen Hunde sind fast um ein Drittel größer und mit denen musst du jetzt mitlaufen?!"

Und dann startete das Gespann. Arya lief, zog den Schlitten förmlich im Alleingang. Und ich dachte mir beschämt: „Von wegen armes Ding!" Man merkte, Arya war in ihrem Element. Kein Bellen mehr, kein Jaulen mehr, nur noch ein lockeres Ziehen mit ihrem Team. Anmutige Bewegungen, kraftvoll, dynamisch und so wunderschön anzusehen.

Huskys sind hervorragende Läufer. Sie sind Arbeitstiere und haben Spaß am Laufen und Ziehen. Sie sind so ausdauernd und kraftvoll, dass sie wöchentlich problemlos drei bis vier Marathons laufen könnten.

In dieser Situation wurde mir zum ersten Mal bewusst, wie schnell wir etwas oder jemanden beurteilen, auch und gerade, wenn wir Menschen in nur einer Situation gesehen haben. Ich erkannte, wie sehr man damit danebenliegen kann. Und auf der anderen Seite wurde mir klar, wie wichtig die Umgebung ist, damit das, was wir wirklich gut können, überhaupt die Chance hat, zum Vorschein zu kommen.

Wir Menschen verändern uns niemals von Grund auf – das liegt nicht in unserer Natur. Zwischen den Zeilen findest du dieses Versprechen aber in vielen Glücksratgebern. „Tu dies oder tu das und du wirst für immer glücklich sein!"

Danach fühlen wir uns erst recht schlecht, weil wir glauben, wir seien die Einzigen, die es wieder mal nicht hinbekommen, glücklich zu sein.

Selbst das teuerste Coaching, monatelange Therapien oder Tausende Erfolgs- und Glücksratgeber machen aus einem Husky keinen Pinguin. Und doch möchten viele lieber ein Pinguin werden, als das für sie richtige Element zu finden. Dafür Hilfe in Ratgebern oder bei Coaches zu suchen, ist kein Zeichen von Schwäche, sondern von Intelligenz.

Ein guter Coach wird nicht lange darüber reden, warum du als Husky lieber schwimmen möchtest und was das alles mit deiner Vergangenheit zu tun hat. Statt Aufstellungen zu machen, wird er viel eher fragen, wer du bist, was du machst, wo du dich siehst, was dir Freude macht und wann andere Freude mit dir haben. Was hindert dich daran, mehr davon zu tun?

Wenn du dabei erkennst, dass du ein Husky bist, gilt es herauszufinden, welches das für dich richtige Element ist. Und wenn du schließlich bemerkst, dass dir das Wasser bis zum Hals steht, zählt nur eines:

„Weg von hier – ich bin ja kein Pinguin!"

Alles, was also zu tun ist, sind erste kleine Schritte, raus aus dem Wasser, hinein in den Schnee, hin zu deinem Element, auch wenn es sich erst mal ziemlich kalt anfühlt. Du wirst es erkennen, wenn etwas dein Element ist.

Ich habe mein Element gefunden und das ist ein sehr befreiendes Gefühl. Auch wenn ich immer wieder etwas loslassen muss, so weiß ich doch sehr rasch, wie ich wieder in meinen Flow komme. Du bist mit diesem Buch gerade in meinem Element. Ich liebe die Kommunikation, die Sprache und das Reden, deshalb freut es mich, wenn auch du damit Freude hast. Ich nutze heute also vielmehr meine Stärken und meine Schwächen fallen nicht mehr so ins Gewicht, weil ich weiß, wo mein Element ist. Und ich hoffe, dass du dich mit diesem Buch auf die Reise machen kannst, um dein Element zu finden.

Für den Inhalt verantwortlich:

Jürgen Eisserer
Mindmaker® Academy
Franz-Imlinger-Straße 1
4775 Taufkirchen an der Pram
Österreich
Mail: office@eisserer.com
Web: www.eisserer.com | www.mindmaker-academy.com

Icons
von freepik.com & flaticon.com

Foto Jürgen Eisserer
von Gerald Bischof, Bilderwerkstatt

Links und Literatur

Hier ist der Link zu den Ressourcen auf meiner Webseite:

www.eisserer.com/scheissaufplanb

Den QR-Code findest du hier.

Du brauchst ihn nur mit deiner Handy-Kamera zu fotografieren und schon kommst du direkt zu allen Extras und Übungen auf meiner Webseite.

Literatur

Simon Sinek
Frag immer erst: warum
Wie Top-Firmen und Führungskräfte zum Erfolg inspirieren
224 Seiten
ISBN-13: 978-3868815382
Herausgeber: Redline Verlag (4. April 2014)
Sprache: Deutsch
OT: Start with Why

Frederic Vester
Denken, Lernen, Vergessen
Was geht in unserem Kopf vor, wie lernt das Gehirn, und wann lässt es uns im Stich?
272 Seiten
ISBN-13: 978-3423330459
Herausgeber: dtv Verlagsgesellschaft (1. November 1998)
Sprache: Deutsch

Werner Gaede
Abweichen von der Norm: Enzyklopädie kreativer Werbung
759 Seiten
ISBN-13: 978-3784474168
Herausgeber: Herbig (1. November 2001)
Sprache: Deutsch

Lasse Rheingans
Die 5-Stunden-Revolution: Wer Erfolg will, muss Arbeit neu denken
224 Seiten
ISBN-13: 978-3593510729
Herausgeber: Campus Verlag (21. August 2019)
Sprache: Deutsch

Jean-Philippe Hagmann
Hört auf, Innovationstheater zu spielen!
Wie etablierte Unternehmen wirklich radikal innovativ werden
317 Seiten
ISBN-13: 978-3800656301
Herausgeber: Vahlen; 1. Auflage (28. Februar 2018)
Sprache: Deutsch

Richard Thaler
Nudge: Wie man kluge Entscheidungen anstößt
400 Seiten
ISBN-13: 978-3548373669
Herausgeber: Ullstein Taschenbuchvlg.; 15. Auflage (7. Dezember 2010)
Sprache: Deutsch
OT: Nudge

Angela Duckworth
GRIT - Die neue Formel zum Erfolg: Mit Begeisterung und Ausdauer ans Ziel
480 Seiten
ISBN-13: 978-3570102756
Herausgeber: C. Bertelsmann Verlag; Deutsche Erstausgabe Auflage (20. März 2017)
Sprache: Deutsch
OT: Grit, The Power of Passion and Perseverance

Carol S. Dweck
Selbstbild: Wie unser Denken Erfolge oder Niederlagen bewirkt
320 Seiten
ISBN-13: 978-3492311229
Herausgeber: Piper Taschenbuch; 4. Auflage (2. Juni 2017)
Sprache: Deutsch
OT: Mindset. The New Psychology of Success

Martin E.P. Seligman
Der Glücks-Faktor: Warum Optimisten länger leben
480 Seiten
ISBN-13: 978-3404605484
Herausgeber: Lübbe; 14. Aufl. 2005 Auflage (18. Januar 2005)
Sprache: Deutsch
OT: Authentic Happiness: Using the New Positive Psychology to Realise your Potential for Lasting Fulfilment

Gregory Bateson
Ökologie des Geistes:
Anthropologische, psychologische, biologische und epistemologische Perspektiven
675 Seiten
ISBN-13: 978-3518281710
Herausgeber: Suhrkamp Verlag; 1. Auflage (22. September 1985)
Sprache: Deutsch

OT: Steps to an Ecology of Mind: Collected Essays in Anthropology, Psychiatry, Evolution, and Epistemology

Umberto Eco
Einführung in die Semiotik
476 Seiten
ISBN-13: 978-3825201050
Herausgeber: Utb GmbH 9. Auflage (19. Februar 2002)
Sprache: Deutsch

Bronnie Ware
5 Dinge, die Sterbende am meisten bereuen: Einsichten, die Ihr Leben verändern werden
352 Seiten
ISBN-13: 978-3442341290
Herausgeber: Arkana; 13. Edition (11. März 2013)
Sprache: Deutsch
OT: The Top Five Regrets of the Dying. A Life Transformed by the Dearly Departing

Links

Emagnetix:

https://www.emagnetix.at/30sindgenug/

Hans Rosling:

www.gapminder.org

Lotti Meier

https://snowtraildogcamp.com/

Susan Engel:

https://psychology.williams.edu/profile/sengel/

Ted Turner:

https://www.tedturner.com

Thor Heyerdahl:

https://www.kon-tiki.no/thor-heyerdahl/

pro mente Lösungspapier

https://www.promenteaustria.at/en/aktuelles/article/loesungspapier-fuer-eine-verbesserte-versorgung-der-menschen-mit-psychischen-erkrankungen-in-oesterr/

Platz für deine Notizen

Platz für deine Notizen